Dr A. Lutaud

Consultations sur les Maladies des Femmes

TOPIQUES CHAUMEL

à la Glycérine solidifiée

CRAYONS & BOUGIES CHAUMEL

ANTISEPSIE. — Ovules et Crayons Chaumel : *Borique*, Chlorure de Zinc, Ichthyol et Sublimé, *Iodoforme*, Résorcine, Salol, *Sublimé*, *Sulfate de cuivre*, Sulfate de Zinc, etc.

CONGESTION de l'utérus et de ses annexes, dans tous les états pathologiques de ces organes. — Ovules Chaumel *simples*.

CONSTIPATION. — Suppositoires Chaumel *simples* ou à la *Belladone* (dans les cas rebelles).

DOULEURS en gynécologie. — Ovules et Suppositoires Chaumel sédatifs (*Belladone et Morphine*). — *Sirop Berthé*.

DOULEURS dans toutes les maladies. — Suppositoires Chaumel à tous les médicaments *sédatifs : Belladone-Morphine, Chloral, Cocaïne, Morphine, Opium*, etc.

HÉMORRHOÏDES. — Suppositoires Chaumel *anti-hémorrhoïdaux (Hamamelis-Antipyrine)*, etc.

INFLAMMATIONS de l'Utérus et de tous les autres organes pelviens. — Ovules et Crayons Chaumel : *Ichthyol, Iodoforme, Iodure de Potassium*, Salol, *Sulfate de Cuivre, Sublimé*, etc. — Suppositoires Chaumel à tous médicaments.

LEUCORRHÉE. — Ovules Chaumel *astringents*, etc.

PANSEMENTS après l'accouchement. — Ovules Chaumel au *Sublimé* et aux *autres antiseptiques*.

PANSEMENTS après les opérations. — Crayons et Ovules Chaumel à tous les médicaments *antiseptiques* ou *sédatifs*.

VAGINITES. — Ovules Chaumel *antiseptiques* ou *sédatifs*. — Suppositoires Chaumel *sédatifs*.

EXIGER la ***MARQUE TRIANGULAIRE***

DÉTAIL : Phie **CHAUMEL**, 87, Rue Lafayette, PARIS.
GROS : **FUMOUZE-ALBESPEYRES**, 78, Faubg St-Denis, PARIS.

CONSULTATIONS

SUR LES

MALADIES DES FEMMES

DU MÊME AUTEUR

Leçons de Gynécologie opératoire, professées à Paris (Palais des Sociétés savantes), par VULLIET, professeur à la Faculté de médecine de Genève, et A. LUTAUD, médecin adjoint de Saint-Lazare. Un vol. in-8° de 500 pages, avec 200 figures dans le texte. 2e édition. Paris, 1890.

Traité clinique des Maladies des femmes, par G. THOMAS et A. LUTAUD. Un vol. in-8° de 800 pages, avec préface analytique du professeur PAJOT. 2e édition. Paris, 1887.

Du Vaginisme, suivi d'une leçon clinique du professeur LORAIN. In-8° de 80 pages. Paris, 1874.

Traité pratique de l'art des accouchements, en collaboration avec le professeur DELORE (de Lyon). Un vol. in-8° de 550 pages. Paris, 1882.

Manuel des Maladies des femmes. Un vol. in-12 de 516 pages, 3e édition. Paris, 1895.

Étude sur les hôpitaux d'isolement en Angleterre, en collaboration avec le docteur W.-D. HOGG; un vol. in-8° de 300 pages, avec 45 plans (Cet ouvrage a été cité honorablement par l'Institut). Paris, 1886.

Manuel de Médecine légale et de Jurisprudence médicale. Un vol. in-12 de 736 pages. 4e édition.

CORBEIL. — IMPRIMERIE CRÉTÉ DE L'ARBRE

CONSULTATIONS

SUR LES

MALADIES DES FEMMES

Formulaire et Traitement

DES AFFECTIONS GYNÉCOLOGIQUES LES PLUS FRÉQUENTES

SUIVI DE

CONSIDÉRATIONS PRATIQUES

SUR L'EXAMEN GYNÉCOLOGIQUE

PAR

Le Docteur A. LUTAUD

Médecin adjoint de Saint-Lazare,

Membre fondateur de la *Société obstétricale et gynécologique*, etc.

PARIS

RUEFF ET Cie, ÉDITEURS

106, BOULEVARD SAINT-GERMAIN, 106

1895

INTRODUCTION

J'ai cru pouvoir utilement réunir dans un petit volume les indications thérapeutiques médicales les plus importantes sur les affections gynécologiques qu'on rencontre fréquemment dans la pratique.

C'est volontairement que j'ai retranché de ces *Consultations* tout ce qui est chirurgical, non par esprit d'hostilité contre le courant qui a entraîné la gynécologie vers la chirurgie pendant ces dernières années, mais parce que j'estime qu'il existe un grand nombre d'affections gynécologiques qui ne sont pas justiciables du bistouri. Bien plus, je crois que le chirurgien gynécologue doit être aussi médecin et qu'il n'existe pas d'affection gynécologique qui ne soit susceptible, à un moment donné, d'être traitée *médicalement*.

Une telle assertion demande quelques développements. Comment, en effet, appliquer une thérapeutique purement médicale aux tumeurs, aux fibromes, au cancer, au vaginisme, etc. ?

Je prends comme exemple le néoplasme qu'on rencontre le plus fréquemment dans la pathologie utérine, le fibrome. Est-il rien de plus chirurgical que le traitement des corps fibreux? Néanmoins, j'estime qu'il convient, dans la plupart des cas, d'instituer une thérapeutique médicale, non seulement parce que tous les fibromes ne sont pas opérables, mais parce qu'il est souvent utile de faire précéder l'opération d'un traitement préparatoire auquel le bistouri est tout à fait étranger. Aussi, ai-je pu donner dans ce volume, sans craindre d'être traité de réactionnaire, un *traitement non opératoire des corps fibreux.*

N'en est-il pas de même du cancer utérin, dans lequel l'intervention chirurgicale ne donne, le plus souvent, que de la survie, si elle n'a pas lieu tout à fait au début de l'affection ?

Du reste, la grande chirurgie n'a rien à voir dans beaucoup d'affections gynécologiques, telles que l'aménorrhée, les vulvites, les vaginites, la dysménorrhée, etc. Pour toutes ces maladies, le praticien devra formuler un traitement local et général auquel le bistouri sera le plus souvent étranger.

On ne s'attend pas à trouver dans ce petit livre ni érudition, ni développements pathologiques. J'ai surtout cherché à être pratique et à formuler, en suivant l'ordre alphabétique et sous une forme aussi claire que possible, le traitement qui m'a donné les meilleurs résultats. Après une expérience clinique de vingt années, j'ai pensé être utile à mes confrères en groupant, autour de chaque affection bien caractérisée, les formules et les méthodes thérapeutiques les plus usuelles.

Je ne voudrais pas être considéré comme un gynécologue réactionnaire et figurer dans le groupe déjà très nombreux des médecins qui pensent que la chirurgie contemporaine est allée trop loin dans la « *voie ablative* ». J'estime, au contraire, que, *en gynécologie, toute médication générale ou locale appliquée à un néoplasme dont l'ablation est possible est une erreur grave ou une perte de temps.*

Mais, quelque brillante, quelque avancée que soit aujourd'hui la gynécologie opératoire, on m'accordera bien qu'il existe encore, dans la pratique de chaque jour, de nombreux cas où l'intervention chirurgicale n'est pas immédiatement indiquée ou peut être évitée. Ce sont ces cas que j'ai eus en vue dans ce *mémento-formulaire.*

Enfin, j'ai ajouté à la fin de ce petit volume quelques *considérations pratiques sur l'examen gynécologique*, sans empiéter toutefois sur les développements techniques qu'on trouve dans les traités spéciaux.

On remarquera, du reste, que les meilleurs traités de gynécologie qui donnent avec tant de développements la pathologie, le diagnostic et le pronostic des maladies, sont souvent très sobres de détails sur la thérapeutique. J'espère donc que ce *mémento* sera utile aux praticiens, en résumant, sous une forme essentiellement pratique, le traitement qu'il convient d'appliquer aux affections gynécologiques les plus fréquentes.

Janvier 1895.

CONSULTATIONS

SUR LES

MALADIES DES FEMMES

TRAITEMENT DE L'AMÉNORRHÉE

Je ne m'occupe ici que de l'aménorrhée par pauvreté physiologique, quelquefois désignée sous le nom d'aménorrhée essentielle. Cette affection coïncide presque toujours avec des troubles trophiques : maigreur, obésité, chlorose, anémie, etc. Dans l'immense majorité des cas, la matrice a subi un arrêt de développement (utérus infantile), ou une régression (cessation précoce des règles).

L'aménorrhée peut être absolue ou relative (*menstruatio perca*).

Je n'envisagerai donc pas dans cette note thérapeutique les cas où l'aménorrhée est due à une atrésie des organes génitaux ou à une affection générale grave (tuberculose, fièvre typhoïde, etc.).

Le traitement peut être général et local. Le traitement général a surtout pour but de fortifier l'organisme et d'augmenter les hématies ; le traitement local vise l'utérus lui-même dont on veut réveiller la contractilité et augmenter l'hyperhémie.

A. — *Traitement général.*

I. — On conseillera les exercices physiques, la gymnastique, l'hydrothérapie, les bains de mer, les bains chlorurés (Salins-du-Jura, Salins-Moutiers) et tous les moyens généraux de nature à relever l'organisme.

II. — J'ai employé avec succès le mercure associé à l'arsenic, à la strychnine et au fer :

Bichlorure de mercure........	} ãã 5 centigr.
Arséniate de soude........	
Sulfate de strychnine........	
Carbonate de potasse........	} ãã 2 grammes.
Sulfate de fer........	

Pour 60 pilules.

Une au commencement de chaque repas.

III. — Dans d'autres cas, lorsque l'estomac est trop fatigué pour supporter l'hydrargyre, je le remplace par le manganèse, qui est un bon stimulant de la fonction utérine :

Arséniate de fer........	10 centigr.
Extrait de noix vomique........	1 gramme.
Sulfate de manganèse........	5 grammes.

Pour 60 pilules.

Une pilule avant chacun des deux principaux repas.

IV. — Lorsque la femme aménorrhéique est constipée, ce qui est fréquent, j'associe à ces formules de l'aloès, qui a en même temps des propriétés emménagogues.

Je prescris :

Carbonate de fer................	}	
Gomme ammoniaque............	} ãã	5 grammes.
Aloès socotrin..................	}	
Sirop d'absinthe......................		Q. s.

pour faire 50 pilules.

Une avant chacun des deux principaux repas.

V. — Lorsque l'aménorrhée coïncide avec l'obésité, il faut insister sur les purgatifs associés avec les emménagogues. Voici deux bonnes formules qui conviennent surtout chez les femmes qui ont encore le molimen menstruel, mais chez lesquelles la menstruation est insuffisante :

Aloès socotrin		1 gramme.
Rue..........................	}	
Sabine........................	} ãã	50 centigr.
Safran	}	

pour 10 cachets.

Un avant chaque repas, ou :

Eau distillée.........................		120 grammes.
Sirop de safran		30 —
Huile essentielle de rue.........	} ãã	X gouttes.
Huile essentielle de sabine......	}	

Une cuillerée à soupe trois fois par jour pendant la période correspondant au molimen menstruel.

VI. — Les préparations d'armoise, si populaires, méritent d'être essayées. Je donne la préférence à l'infusion (5 grammes de feuilles pour un demi-litre) ou un lavement (20 grammes pour 500 grammes).

J'ai peu de confiance dans les médications nouvelles.

Cependant, j'ai employé avec succès, dans un cas, le trèfle d'eau, recommandé par Pollak (*mempanthis trifoliata*). Il faut prendre, pendant un temps assez long, chaque matin à jeun, une infusion chaude préparée de la façon suivante : on fait infuser environ 30 grammes de trèfle d'eau desséché dans 150 grammes d'eau bouillante. On laisse macérer toute la nuit et on fait réchauffer l'infusion au moment de la prendre.

B. — *Traitement local.*

Je lui attache une importance considérable et je m'étonne que les auteurs n'aient pas insisté davantage sur les avantages qu'il présente dans l'aménorrhée essentielle.

Les jeunes femmes atteintes d'aménorrhée ou de *menstruatio perca* ont presque toutes un utérus infantile. Le col est petit, conique, et la cavité utérine mesure de 4 à 5 centimètres de longueur. Le traitement local consiste à exercer sur l'organe une action stimulante locale qui peut même se transmettre aux ovaires. On y arrive par les moyens suivants :

Cathétérisme utérin ;
Introduction de tentes ;
Courants électriques intra-utérins ;
Lavements stimulants ;
Injections et irrigations vaginales.

VII. — Il y a plus de quinze ans que j'ai employé le *cathétérisme utérin* comme traitement systématique de l'aménorrhée, et j'ai obtenu de nombreux succès, surtout dans les cas où la menstruation a déjà existé. J'introduis un cathéter souple, du modèle que Mathieu a construit sur mes indications, tous les deux jours pendant la période de molimen menstruel. Je laisse la sonde dans l'utérus pendant quelques minutes, puis je pratique sur le col une injection avec de l'eau très chaude.

L'introduction de tentes est encore plus active. J'emploie de préférence des tiges de laminaire que j'applique à l'époque du molimen et laisse en place pendant un temps plus ou moins long, suivant la tolérance des malades. L'accoutumance s'acquiert, en général, assez facilement. Dans certains cas, suivant le conseil de Simpson, je laisse en place pendant plusieurs jours un petit pessaire intra-utérin. C'est certainement grâce à ce procédé que j'ai pu ramener la fonction menstruelle dans un assez grand nombre de cas. Il est facile de comprendre que l'action stimulante de ces procédés s'exerce, non seulement sur l'utérus, dont le volume augmente graduellement, mais aussi sur l'appareil ovarien.

Lorsque je retire la sonde, j'injecte dans l'utérus 1 ou 2 centimètres cubes de la mixture suivante :

Chlorhydrate de cocaïne............	10 centigr.
Eau distillée.........................	10 grammes.

On sait que la cocaïne joint à ses propriétés analgésiantes des propriétés antiseptiques. Ces injections intra-utérines sont toujours suivies de contractions utérines qui augmentent l'hyperhémie et peuvent réveiller la fonction ovarienne.

VIII. — L'*électricité* doit être essayée. Je préfère les courants induits qui agissent sur le muscle utérin. J'introduis le pôle + dans l'utérus et j'applique le pôle — sur la région lombaire.

IX. — *Le traitement local doit-il être appliqué chez les vierges ?*

Je n'hésite pas à répondre par l'affirmative lorsque les intéressées y consentent. L'absence de la menstruation détermine parfois des troubles généraux assez graves pour qu'on puisse passer sur le très petit inconvénient de léser une membrane hymen. D'un autre côté, beaucoup de familles hésitent à marier leurs filles tant que la fonction menstruelle n'est pas établie.

X. — Il va sans dire que le praticien consulté pour un cas d'aménorrhée doit s'assurer que la grossesse n'est pas possible avant de pratiquer aucune manœuvre intra-utérine. Mais le gynécologue exercé ne s'y trompera pas et appuiera surtout son diagnostic sur le très petit volume de l'utérus des femmes aménorrhéiques.

XI. — Enfin, je terminerai l'exposé du traitement local en signalant les lavements et les injections stimulantes qui font partie de la médication rationnelle.

J'emploie, toujours à l'époque du molimen, de préférence des lavements chauds, additionnés de sel d'aloès ou de savon. Ce sont de simples adjuvants qui ont leur importance, surtout lorsqu'il existe de la constipation.

TRAITEMENT DE L'ANAPHRODISIE CHEZ LA FEMME

Tous ceux qui font de la gynécologie savent que le médecin est souvent consulté par de jeunes époux qui viennent lui demander pourquoi l'acte sexuel, au lieu d'être accompagné chez la femme de sensations voluptueuses, n'inspire souvent que répugnance et dégoût.

La question de la frigidité chez la femme est plus sérieuse qu'on ne le croit généralement : elle peut, dans certains cas, avoir une importance considérable en séparant les époux; elle doit donc être traitée comme une véritable entité morbide.

La difficulté est de formuler un traitement précis en dehors des conseils moraux et hygiéniques que le médecin peut et doit donner avec tout le tact que comporte une matière aussi délicate.

La frigidité chez la femme est souvent liée à l'aménorrhée et à un développement insuffisant de l'appareil sexuel; elle est, dans un bon nombre de cas, attribuable au mari, qui n'a pas su faire naître le désir vénérien.

Il existe cependant certains cas où la thérapeutique purement médicale peut être utilement appliquée à l'anaphrodisie.

I. — Voici quelques formules rationnelles que je prescris :

Extrait de noix vomique.......	ãã	1 gramme.
Extrait de chanvre indien......		
Extrait aqueux d'aloès..............		25 centigr.

pour 50 pilules. Une avant chaque repas.

II. — Le phosphore est naturellement indiqué :

Phosphore............................	5 centigr.
Sulfure de carbone....	XX gouttes.
Huile d'amandes douces	20 grammes.
Magnésie...........................	Q. s.

Pour 50 pilules qu'on enveloppe d'une couche de gélatine. Chaque pilule contient 1 milligramme de phosphore. De deux à quatre par jour, au moment des repas.

Le musc, la vanille, le santal, le gingembre, le safran, la cannelle, ont une grande réputation et entrent dans les nombreuses préparations qu'on emploie surtout dans l'anaphrodisie chez l'homme et dont l'action est plutôt suggestive qu'active. Je n'ai jamais obtenu aucun avantage de leur emploi chez la femme. Je dois dire cependant que toutes les préparations (sauf la cantharide) sont inoffensives, qu'elles stimulent les fonctions stomachiques et peuvent agir par suggestion.

III. — Je donne la formule de Fonssagrive que j'ai

eu souvent l'occasion de prescrire et qui sera toujours absolument applicable à l'atonie des voies digestives :

Poudre de vanille............. Poudre de cannelle............	ãã	3 grammes.
Poudre de gingembre.......... Poudre de macis...............	ãã	1 gramme.
Poudre de poivre noir.......... Poudre de noix vomique.......	ãã	25 centigr.
Poudre de carbonate de fer.........		20 —

M. Diviser en 10 cachets. Un avant chaque repas.

IV. — L'opium à petites doses a été préconisé contre l'anaphrodisie (1 centigramme d'extrait thébaïque le soir, à l'heure du coucher).

V. — Ayant plusieurs fois observé l'excitation produite par la cocaïne chez les femmes morphinomanes, j'ai eu l'idée d'employer cette substance contre la frigidité. Dans un cas, la mixture suivante m'a donné un succès relatif :

Chlorhydrate de cocaïne..	25 centigr.
Élixir de Garus................... .	250 grammes.

Une cuillerée à soupe le soir, à l'heure du coucher.

Il ne faut pas oublier que l'éréthisme génital, s'il se manifeste chez la femme, par l'érection clitoridienne, a toujours pour point de départ une impulsion d'ordre cérébral. La cure est donc plus entre les mains du mari que dans celles du médecin. Le sens génésique ne s'acquiert chez la femme civilisée que par l'éducation et la culture.

VI. — Il n'est pas inutile de rappeler que le régime

alimentaire peut avoir une certaine influence sur l'éréthisme sexuel. On conseillera donc un régime fortifiant, l'hydrothérapie, l'équitation (à défaut, le cyclisme). On insistera sur les aliments possédant et méritant, à mon avis, la réputation d'exciter l'éréthisme vénérien; tels sont les poissons, les crustacés, les condiments, les truffes, la vanille, etc.

L'*électricité* ne m'a jamais donné aucun résultat, appliquée à l'anaphrodisie chez les femmes.

TRAITEMENT NON OPÉRATOIRE DU CANCER UTÉRIN

Je me propose de formuler le traitement du cancer utérin en dehors des grandes interventions chirurgicales, telles que l'hystérectomie et l'amputation du col; c'est-à-dire la thérapeutique qu'il convient d'appliquer en attendant la possibilité d'une opération radicale, ou lorsque cette opération est reconnue impossible.

Quatre indications principales :

A. — Enlever ou détruire les produits morbides.

B. — Combattre la fétidité de l'écoulement et assurer une asepsie parfaite des parties atteintes.

C. — Arrêter les hémorrhagies.

D. — Calmer la douleur et soutenir les forces vitales.

A. — *Ablation et destruction des tissus morbides.*

Voici la règle de conduite

I. — Les tissus mortifiés et gangrenés qui ne font que favoriser l'auto-infection, les bourgeons friables par lesquels se produisent les hémorrhagies doivent être enlevés; les tissus qui, quoique morbides et infiltrés, sont encore assez résistants pour constituer des parois effectives doivent être respectés. Si vous détruisez ces tissus par des cautérisations trop profondes, vous hâtez l'apparition des perforations et, par suite, l'issue fatale de la maladie.

Pour atteindre ce but, on emploie la *curette* et les *caustiques*. L'emploi de la *curette* est très recommandé. On introduit d'abord un spéculum (celui de Sims de préférence) et on détache les tissus morbides en employant tantôt la curette tranchante, tantôt la curette à bords mousses On pratique ainsi une sorte de nettoyage de l'utérus.

II.— Lorsque le cancer s'étend dans la cavité utérine, on a le plus grand avantage à pratiquer d'abord la dilatation graduelle de l'organe. C'est dans ce cas que le procédé de Vulliet présente le plus d'avantages. Il consiste, comme on le sait, à introduire dans l'utérus des petits bourdonnets d'ouate, préalablement trempés dans de l'éther iodoformé et qui restent en place pendant vingt-quatre heures. On renouvelle chaque jour l'opération, en augmentant graduellement le nombre des tampons, jusqu'à ce qu'on ait obtenu le degré de dilatation nécessaire pour pénétrer facilement dans l'utérus.

III.—Lorsqu'on a enlevé avec la curette tous les bourgeons et tissus morbides, on peut tamponner l'utérus et le vagin avec de la gaze iodoformée ou appliquer les solutions ou caustiques chimiques.

Le chlorure de zinc me paraît devoir mériter la préférence.

Je prépare des petits tampons d'ouate que je mets à imbiber dans la solution :

Chlorure de zinc....................	15 grammes.
Eau distillée..........................	30 —

Ces tampons, une fois imbibés, puis exprimés, sont appliqués sur les parties malades.

IV. — Il importe de tapisser au préalable les parties saines, et notamment les parois vaginales, avec une pommade bicarbonatée :

Bicarbonate de soude...............	10 grammes.
Axonge..............................	40 —

On tamponne ensuite toute la cavité vaginale avec des bourdonnets d'ouate, imbibés d'une solution saturée de bicarbonate de soude.

Il va sans dire que tous les tampons, caustiques ou autres, seront reliés les uns aux autres en chapelet, afin de pouvoir être facilement retirés.

Ce tamponnement est maintenu en place quarante-huit heures, après quoi on fait un lavage avec une solution de sublimé à 1/10000.

Guichard, d'Angers, a employé le chlorure de zinc en injections parenchymateuses. Il se sert d'une solution à 1/5 qu'il injecte au centre même des tissus morbides.

V. *Injections d'alcool absolu.*— J'ai obtenu d'excellents résultats avec l'alcool absolu injecté avec la seringue de

Pravaz dans tout le pourtour des points indurés. Je répète les injections tous les jours ; une seringue pleine permet de faire cinq à six injections. L'emploi de l'alcool absolu convient surtout dans le traitement du cancer du col.

VI. — Le *fer rouge* est préféré aux caustiques chimiques, comme complément du curetage, par beaucoup de chirurgiens. Il est surtout préférable lorsque les noyaux cancéreux sont limités et étayés par une certaine épaisseur de tissus sains. Il doit être manié avec prudence, de façon à éviter les perforations. Il faut employer les cautères actuels, le thermocautère étant insuffisant. Voici comment je procède :

La malade est placée dans la position genu-pectorale ; je prépare deux ou trois cautères olivaires que je fais chauffer sur une lampe à alcool ; j'applique le spéculum de Sims et je badigeonne toutes les parties saines et morbides avec une solution de :

Chlorhydrate de cocaïne.............	1 gramme.
Eau distillée.....	10 grammes.

J'applique ensuite une autre valve de Sims, de façon à isoler les parois vaginales.

Je procède ensuite à la cautérisation, qui doit être faite avec mesure et sans précipitation. Si l'on ne touche pas les parties saines, l'opération n'est pas douloureuse et peut être pratiquée sans anesthésie.

L'opération terminée, je fais un grand lavage avec une solution faible de sublimé à 1/10000, et je tamponne tout le vagin avec de la gaze iodoformée.

Le traitement par le curetage suivi de cautérisations peut être renouvelé à plusieurs semaines et même à plusieurs mois d'intervalle, selon les progrès de la maladie.

B. — *Asepsie du vagin.*

C'est surtout dans le cancer qu'il importe de maintenir le vagin et même la cavité utérine dans un état d'asepsie aussi parfait que possible. En agissant ainsi, on retarde l'auto-infection et on prolonge la vie des malades.

L'asepsie s'obtient par des injections, des applications de tissus tenant en suspension des antiseptiques et par des poudres.

I. *Injections.* — Elles doivent être fréquentes et copieuses, et constituer de véritables irrigations pour entraîner tous les produits de décomposition. Le sublimé au 1/5000, le permanganate de potasse au millième, agissent surtout comme désinfectants ; il convient parfois d'ajouter à l'injection des éléments modificateurs des tissus ; dans ces cas, je prescris :

Acide picrique	10 grammes.
Eau	1 litre.

Ou :

Résorcine	20 grammes.
Eau	1 litre.

Ces injections doivent être faites par le médecin, qui appliquera au préalable le spéculum de façon à découvrir les tissus malades et à bien déterger et éliminer les produits morbides.

II.— L'injection faite, on applique un tampon d'ouate, imbibé de la solution suivante :

Hydrate de chloral..................	2 grammes.
Chlorhydrate de cocaïne.............	50 centigr.
Eau..............................	20 grammes.

III. — Lorsque la maladie siège dans le corps de l'utérus, j'injecte dans le col quelques gouttes de la mixture suivante :

Bichlorure de mercure.............	20 centigr.
Chlorhydrate de cocaïne............	10 —

Ou une bougie à l'iodoforme :

Iodoforme.........................	10 centigr.
Chlorhydrate de cocaïne...........	5 —
Beurre de cacao..................	50 —

pour une bougie de 5 centimètres de longueur.

IV. *Poudres.* — Elles présentent l'avantage d'isoler les parties malades, d'absorber les sécrétions et d'éviter aux malades très affaiblies des injections et des pansements trop fréquents. Je considère les agents pulvérulents comme la meilleure médication locale et désinfectante à appliquer au cancer utérin. Ils procurent un grand soulagement et font cesser immédiatement l'irritation vulvaire qui résulte des sécrétions, que les plus grands soins de propreté ne permettent pas toujours d'éviter.

V.—Dans certains cas, j'emploie une poudre à la fois désinfectante et caustique :

Iodoforme.........................	40 grammes.
Sulfate de cuivre.................	10 —
Sulfate de morphine..............	4 —

VI. — Lorsque l'action caustique n'est plus nécessaire, j'emploie une formule simplement désinfectante :

Salol...........................	4 grammes.
Lycopode........................	āā 10 —
Tannin..........................	

VII. — Ou :

Iodoforme.......................	āā 20 grammes.
Charbon pulvérisé...............	
Sulfate de quinine..............	2 —
Essence de menthe...............	XV gouttes.

Ces poudres ne peuvent être appliquées qu'avec le spéculum ; on en projette une certaine quantité sur le col et on la maintient en place avec un tampon de gaze iodoformée. Dans certains cas, on peut laisser le pansement quarante-huit heures et même plus sans le renouveler.

Les pansements vaginaux avec des tissus tenant en suspension des médicaments peuvent rendre des services dans le traitement du cancer. Je les emploie pour maintenir en place les topiques pulvérulents. L'ouate ou la gaze iodoformée méritent la préférence. Dans les cas où l'odeur de l'iodoforme ne peut être tolérée, j'emploie la gaze au salol ; mais, outre que le salol n'a pas les propriétés désinfectantes de l'iodoforme, il présente l'inconvénient de déterminer de l'érythème et des démangeaisons.

C. — *Combattre les hémorrhagies.*

En dehors du raclage, des cautérisations et du tamponnement, qui constituent le meilleur moyen de combattre les hémorrhagies, il y a lieu, dans certains cas, d'employer à l'intérieur les médicaments réputés hémostatiques.

I. — Je prescris chez les cancéreuses :

Ergotine	2 grammes.
Poudre de digitale }	āā 20 centigr.
Extrait de jusquiame }	

Pour 20 pilules. De 4 à 6 par jour.

II. — Ou :

Extrait de chanvre indien	50 centigr.
Ergotine	4 grammes.
Extrait liquide d'hamamelis	8 —
Sirop de ratanhia	30 —
Eau distillée	90 —

Une cuillerée à soupe toutes les deux heures.

D. — *Calmer la douleur et soutenir les forces vitales.*

I. — Aucun médicament ne vaut la morphine en injections hypodermiques, et il y a plus de dix ans que je conseille à mes confrères de *morphinomaniser* les femmes atteintes de cancer utérin inopérable. J'ai déjà démontré l'action élective que possède la morphine sur l'utérus en ralentissant la circulation, diminuant les hémorrhagies et en retardant considérablement l'évolution de la maladie.

Il faut donc s'efforcer de rendre morphinomanes les femmes cancéreuses. J'ai publié de nombreuses observations dans lesquelles le cancer utérin, même dans des cas avancés et inopérables, a permis une survie inespérée.

II. — J'ajoute souvent l'opium et la belladone à la morphine sous la forme de suppositoires :

Beurre de cacao....................	3 grammes.
Extrait de belladone................	1 milligr.
Extrait thébaïque..................	2 centigr.

Pour un suppositoire. De 1 à 5 par jour.

III. — Lorsque la cachexie indique qu'il existe de la résorption purulente, je me suis bien trouvé de l'acide phénique en injections sous-cutanées :

Acide phénique neigeux............	50 centigr.
Eau distillée......................	40 grammes.

Pour une injection hypodermique chaque jour.

IV. — La teinture de thuya, que j'emploie dans le même but, a même la réputation de combattre la diathèse cancéreuse lorsqu'elle est prise à l'intérieur. Je l'associe à l'arsenic :

Teinture de thuya..................	4	grammes.
Liqueur de Fowler..................	2	—
Sirop de gomme....................	30	—
Eau................................	60	—

Une cuillerée à café avant chacun des deux principaux repas.

CHANCRE PHAGÉDÉNIQUE DE LA VULVE

(CHANCRE MOU, CHANCRELLE).

Dans les cas non compliqués.

Éviter toute irritation de la plaie ; pour cela, couper avec soin tous les poils de la vulve qui sont exposés à s'agglutiner avec les pansements.

Lorsque les pansements sont adhérents, ne pas les décoller brusquement, mais les lotionner et les baigner avec une solution boriquée *très chaude;* il est aujourd'hui démontré que la chaleur a une action destructive sur la virulence des chancres mous.

Protéger la plaie et le pansement contre tout frottement résultant de la marche.

Ces préliminaires établis, voici le traitement :

I. — Faire prendre matin et soir un bain de siège avec de l'eau de son ou de guimauve *très chaude* (y ajouter environ 30 grammes d'acide borique), pour laver la plaie et décoller le pansement précédent. Sécher ensuite avec de l'ouate hydrophile.

II. — Toucher la plaie délicatement avec un pinceau imbibé d'une solution de nitrate d'argent à 3/100. On peut remplacer le nitrate d'argent par une solution de tartrate ferrico-potassique à 10/100 ou par du perchlorure de fer à 30°.

III. — Sécher avec de l'ouate hydrophile et appliquer la poudre suivante :

Iodoforme........................	} ãã 4 grammes.
Calomel..........................	

Appliquer ensuite sur toute la vulve de la gaze iodoformée ou de l'ouate salicylée, qui sera renouvelée après chaque friction.

IV. — Dans les cas où il est impossible d'employer l'iodoforme, soit à cause de l'odeur, soit par suite de l'irritation locale qu'il détermine chez quelques malades, il faut le remplacer par une pommade :

Calomel..........................	} ãã 1 gramme.
Oxyde de zinc....................	
Lanoline.........................	15 grammes.

Ou par celle-ci, qui est un peu plus active :

Acide pyrogallique................	5 grammes.
Vaseline..........................	25 —

N'appliquer la pommade que sur la plaie et saupoudrer ensuite toute la vulve avec la poudre suivante :

Poudre de lycopode................	10 grammes.
Tannin............................	1 gramme.

Puis recouvrir avec de l'ouate qui sera renouvelée après chaque miction.

Cas où le chancre a une tendance au phagédénisme.

Si le chancre continue à s'étendre malgré ce traitement, je remplace les solutions formulées plus haut (II) par une solution phéniquée à 1/10 jusqu'à ce que la virulence ait disparu, pour revenir aux topiques moins caustiques et moins douloureux.

Enfin, si malgré l'emploi de cette solution, le phagédénisme n'est pas enrayé, il ne faut pas hésiter à cautériser avec le fer rouge ou le thermocautère. On fera pénétrer le caustique sur toutes les anfractuosités de la plaie et jusque sur les bords ; on pansera ensuite avec les poudres formulées plus haut (III). Cette opération est très douloureuse et doit être pratiquée pendant l'anesthésie locale ou générale.

Les soins les plus rigoureux de propreté sont nécessaires et les pansements pulvérulents doivent être répétés après chaque miction.

TRAITEMENT DE LA CYSTITE CHEZ LA FEMME

Le traitement de la cystite présente, chez la femme, des particularités importantes, non seulement parce que l'étiologie de l'affection est distincte, mais parce qu'elle s'observe souvent avec une fréquence et une acuité remarquables.

Tandis que chez l'homme la cystite reconnaît presque toujours pour cause l'état de la prostate et du canal uréthral, chez la femme cette inflammation est souvent la conséquence d'un accouchement ou d'un traumatisme opératoire.

En un mot, il existe chez la femme des relations entre la vessie et les organes de la génération qui n'ont pas chez l'homme la même importance. La *cause utérine* remplace, chez celle-ci, la cause prostatique de l'homme. D'où indications thérapeutiques différentes.

J'ai dit que le traumatisme opératoire était une cause fréquente de cystite chez la femme.

Il suffit parfois d'une cause insignifiante, telle que l'application d'un tampon de gaze ou d'ouate sur le col utérin, pour déterminer un ténesme vésical très pénible.

Il suffit de signaler ces causes au praticien.

J'arrive maintenant à la thérapeutique proprement dite. Je dois pour cela envisager deux périodes distinctes : la période aiguë et la période chronique.

A. — *Cystite aiguë.*

I. — La première indication consiste à calmer le ténesme et la douleur. La médication est surtout locale : on alternera les sédatifs, en insistant surtout sur l'opium et la belladone, et par la voie rectale de préférence. J'emploie surtout les suppositoires :

Chlorhydrate de morphine....	ãã 1 centigr.
Chlorhydrate de cocaïne......	
Extrait de belladone..........	5 milligr.
Beurre de cacao..............	3 grammes.

pour un suppositoire.

Un toutes les quatre heures jusqu'à cessation de la douleur et du ténesme.

II. — On peut remplacer la belladone par la jusquiame lorsque la morphine ou les opiacés sont mal tolérés, et employer cette formule :

Chlorhydrate de cocaïne.....	1 centigr.
Extrait de jusquiame.........	2 —
Beurre de cacao.............	3 grammes.

pour un suppositoire 3 ou 4 dans les vingt-quatre heures.

Les lavements au laudanum, d'un usage si populaire, sont vraiment utiles dans la cystite de la femme.

III. — Lorsqu'il y a de l'insomnie, je donne le chloral, toujours en lavement, à la dose minimum de 4 grammes pour une femme adulte :

Hydrate de chloral.............	4 grammes.
Jaune d'œuf..................	N° 1
Eau ou lait..................	150 grammes.

Enfin, l'injection hypodermique de 1 centigramme de morphine est le moyen le plus sûr de calmer le paroxysme de la douleur cystique, avec cette condition essentielle qu'*on ne doit jamais laisser à une femme la possibilité de faire elle-même l'injection* (1).

IV. — Les cataplasmes, bains de siège, fomentation sur l'hypogastre, sont d'utiles adjuvants du traitement local, qui, à mon avis, doit être préféré au traitement général pendant la période aiguë.

Les applications topiques et calmantes peuvent également être appliquées dans le vagin ; je préfère même ce moyen à tout autre lorsqu'il s'agit de combattre la cystite du col. J'emploie la belladone ou la cocaïne :

Lanoline camphrée..........	30 grammes.
Extrait de belladone..........	2 —

pour enduire un tampon d'ouate qu'on introduit matin et soir dans le vagin.

V. — Lorsque la douleur est vive, j'applique dans le vagin un petit tampon d'ouate, imbibé de la solution :

Chlorhydrate de cocaïne......	1 gramme.
Eau distillée................	20 grammes.

(1) Cette règle ne souffre qu'une exception : c'est lorsque la femme est atteinte d'un carcinome utérin.

Le traitement par la voie stomacale doit, en effet, être réservé pendant cette période. A part les hypnotiques, il y a peu de médications à proposer. Je n'ai jamais rien obtenu des balsamiques.

VI. — L'acide oxalique, très vanté dans les affections vésicales de l'homme, n'a donné, chez la femme, que des résultats douteux, surtout dans la période aiguë. J'ai vu cependant les phénomènes douloureux s'améliorer par l'emploi prolongé de la mixture suivante :

Acide oxalique..............	50 centigr.
Eau distillée...	100 grammes.
Sirop d'écorce d'orange amère	30 —

Une cuillerée à dessert toutes les quatre heures.

B. — *Cystite chronique.*

Dans la période chronique, j'emploie à la fois la médication locale et la médication générale.

Lorsque les phénomènes inflammatoires et douloureux sont atténués, on peut appliquer la *médication intra-vésicale* et procéder aux *lavages*.

I. — On introduit une sonde de gomme ou de verre parfaitement aseptique à l'extrémité de laquelle on adapte une seringue à anneaux d'une capacité de 100 à 150 grammes.

Les solutions légèrement antiseptiques seront employées de préférence, telles que :

Acide borique......................	40 grammes.
Biborate de soude.................	5 —
Eau distillée......................	1 litre.

On pousse le liquide vivement, de façon à produire un jet rapide, et on retire immédiatement la seringue pour permettre l'écoulement du liquide. Je ne conseille pas d'injecter plus de 50 grammes à la fois; il vaut même mieux, lorsque la vessie est encore irritable, n'injecter que 30 grammes pour commencer.

Je ne conseille pas les injections au nitrate d'argent, que les vessies de femmes tolèrent rarement.

II. — Je préfère au nitrate d'argent l'iodoforme, dont l'action est plus efficace, surtout dans les cystites d'origine blennorrhagique. Je procède de la façon suivante :

Lavage avec la solution boriquée ci-dessus, puis injection de 150 grammes d'eau tiède, additionnée d'une cuillerée à café de l'émulsion suivante :

Iodoforme pulvérisé...............	30	grammes.
Glycérine.........................	40	—
Eau distillée.....................	20	—
Gomme adragante...................	25	centigr.

III. — Le *bleu de pyoctanine* a été proposé par Necki, de Varsovie, en injections dans la cystite blennorrhagique. Comme toutes les injections vésicales chez la femme, il ne faut les employer que dans la cystite chronique. J'ai obtenu un succès par ce traitement, qui est ainsi appliqué :

Bleu de pyoctanine..................	1 gramme.
Eau distillée et bouillie.............	1 litre.

pour injections matin et soir.

Ces injections doivent être continuées, si elles sont bien supportées, pendant dix à quinze jours.

IV. — La médication générale est utile dans la cystite chronique.

Le pichi (*fabiana imbricata*) a été préconisé, il y a quelque dix ans, par Wyman.

J'ai eu l'occasion d'essayer le médicament dans les cystites consécutives à la gonorrhée chez la femme, et j'en ai obtenu de bons résultats. Je prescris :

Extrait de pichi..........................	10	grammes.
Teinture de chanvre indien.........	2	—
Eau de tilleul..........................	90	—

Une cuillerée à dessert toutes les quatre heures.

V. — Voici une autre formule dans laquelle le buchu est associé à la jusquiame et au bromure d'ammonium :

Bromure d'ammonium.............	10	grammes.
Teinture de jusquiame.............	5	—
Extrait fluide de buchu.............	10	—
Eau distillée..........................	60	—

Une cuillerée à café toutes les quatre heures.

VI. — S'il y a du pus dans l'urine, je prescris la tisane suivante :

Acide benzoïque....................	1	gramme.
Eau de fleur d'oranger..............	50	grammes.
Eau bouillie..........................	900	—
Sucre.................................	100	—

A prendre par verre entre les repas.

Enfin, on n'oubliera pas que la cystite peut avoir une origine tuberculeuse, qu'elle peut être due à des calculs ou entretenue par des tumeurs siégeant dans le voisinage. Le traitement devra subir diverses modifications dans ces cas.

TRAITEMENT DE L'ECZÉMA VULVAIRE

Par sa fréquence et par sa persistance, l'eczéma vulvaire mérite d'appeler l'attention du praticien, et j'ai obtenu la guérison de prurits anciens et persistants par l'application rationnelle du traitement de la dermatose.

C'est l'eczéma séborrhéique ou impétigineux qui domine dans la région vulvaire et anale.

Traitement général.

I. — J'applique d'abord la médication qui convient à toutes les dermatoses : abstinence du café, de l'alcool, du vin pur, de la charcuterie, des coquillages, des crustacés, du poisson, des gibiers faisandés, des épices et surtout des fromages fermentés. Favoriser la diurèse par l'emploi du lait.

II. — C'est surtout chez la femme et dans l'eczéma génital qu'il faut veiller au bon fonctionnement de l'intestin et insister sur l'emploi des laxatifs ; chez les obèses, je préfère la podophylle ; chez les maigres, les préparations de rhubarbe et le séné. Je me suis toujours bien trouvé de la poudre suivante :

Follicules de séné passées à l'alcool en poudre......................	āā 5 grammes.
Soufre en poudre......	
Crème de tartre.................. .	3 —
Poudre de réglisse....................	4 —
Sucre............................	25 —

Une cuillerée à café immédiatement avant le premier déjeuner.

III. — La médication thermale doit être conseillée chaque fois qu'elle est possible ; les femmes rhumatisantes ou goutteuses seront envoyées à Vittel, à Contrexéville et à Royat.

Les malades chez lesquelles domine la tendance arthritique seront soumises à un traitement alcalin: Vichy, Vals, Pougues, etc.

Traitement local.

IV. — Lorsque la vulve est irritée, n'employer comme lotion que des préparations émollientes : eau de son, de guimauve, de camomille ; ajouter un peu d'acide borique à l'eau bouillie servant de base aux lotions.

Après la lotion, appliquer sur la partie malade des cataplasmes de farine de lin ou de fécule de pomme de terre, faits à chaud avec de l'eau boriquée, et appliqués à froid.

Pour la vulve, je recommande particulièrement l'emploi de petites compresses de tarlatane, pliées en huit et imbibées d'eau de son boriquée ; on applique les compresses entre les petites lèvres et on recouvre de taffetas gommé. Le pansement doit être renouvelé après chaque miction.

Pour le jour, lorsque la malade ne peut conserver le repos, appliquer sur la vulve de l'ouate boriquée.

Lorsque le prurit est très intense, appliquer le traitement spécial que j'indique plus loin (Voir *Prurit de la vulve*).

V. — Lorsque la période d'irritation est calmée, j'applique une médication curative. Voici une bonne formule de pommade à l'acide salicylique dont l'emploi sera surveillé :

Vaseline...........................	25 grammes.
Oxyde de zinc..................... }	ãã 5 —
Amidon de blé...................... }	
Acide salicylique.................	50 centigr.

Pour appliquer après une lotion à l'eau de son boriquée les parties préalablement séchées avec de l'ouate. Avoir soin d'uriner avant de faire le traitement.

VI. — Lorsque l'eczéma affecte une forme séborrhéique et qu'il y a des croûtes, j'emploie la préparation suivante :

Acide phénique........................	25 centigr.
Baume du Pérou........................	2 grammes.
Huile d'amandes douces...............	100 —

Que j'applique après chaque miction.

VII. — C'est dans la forme séborrhéique que les préparations à base de mercure sont indiquées :

Turbith minéral.................... 1 gramme.
Vaseline.......................... 30 grammes.

Il est bon, après chaque application de pommade et même après chaque pansement, de mettre sur la vulve une poudre inerte.

VIII. — Les bains doivent être employés avec modération et ne pas être de trop longue durée, ni trop chauds. Je préfère l'emploi d'un bain de siège matin et soir avec de l'eau de son boriquée, aux grands bains prolongés.

TRAITEMENT DE L'ENTÉRITE CHRONIQUE CHEZ LA FEMME

L'entérite chronique muco-membraneuse s'observe avec une telle fréquence chez la femme qu'elle peut figurer dans le cadre des affections gynécologiques.

Presque toujours liée à une affection utérine, conséquence presque inévitable de la pelvi-péritonite chronique, l'entérite muco-membraneuse est une des maladies les plus rebelles et les plus pénibles qui puissent atteindre la femme.

Avant de formuler le traitement, il importe de bien définir l'état morbide qu'on veut combattre. Par entérite muco-membraneuse, j'entends une affection caractérisée :

Par de la constipation ;

Par un empâtement légèrement douloureux de l'abdomen ;

Par l'élimination, à certaines périodes, d'un enduit glaireux tapissant le gros intestin ; éliminations accompagnées de douleurs plus ou moins vives ;

Par la formation plus ou moins permanente de gaz et de fermentations dans l'intestin.

Cette description indique la thérapeutique qui a pour but :

1° Évacuer régulièrement l'intestin ;

2° Calmer la douleur ;

3° Combattre le tympanisme et les fermentations intestinales ;

4° Favoriser la résorption des éléments morbides et des adhérences intestinales.

1° *Fonctionnement régulier de l'intestin.*

Le nombre des purgatifs proposés est infini, mais je m'empresse de dire qu'il faut proscrire les purgatifs drastiques (coloquinte, gomme gutte, julep, scammonée, etc.) et les nombreuses spécialités qui en contiennent.

Il ne faut prescrire une spécialité purgative que lorsqu'on en connaît parfaitement la composition et les doses.

Les évacuants qui donnent les meilleurs résultats dans l'entérite chronique de la femme peuvent être ainsi classés :

Graisses oléagineuses agissant comme lubrifiants ;

Séné ;

Huiles ;

Composés sulfureux et salins.

Dans la plupart des cas, il faut avoir successivement recours à chacune de ces substances.

I. *Oléagineux.* — La *graine de lin*, d'un usage si répandu, est particulièrement recommandée chez la femme parce qu'elle est à la fois nutritive et lubrifiante. Je fais prendre à la malade, avant chacun des trois repas, une cuillerée à soupe de graines de lin préalablement trempées pendant quelques minutes dans un demi-verre d'eau.

On a substitué récemment à la graine de lin les *semences de psyllium*. Cette substance est plus agréable à prendre, mais elle m'a paru moins active. Dans tous les cas, on pourra alterner les deux semences selon le goût des malades. Ce qui est certain, c'est qu'elles favorisent les garde-robes et que j'ai obtenu la guérison de constipations opiniâtres en substituant ces simples adjuvants aux purgatifs les plus réputés.

II. — Le *séné* est indiqué dans les cas où l'entérite n'est pas accompagnée de douleurs et où l'irritation intestinale est nulle. Je le prescris sous forme de thé (une pincée pour une tasse le matin à jeun) ou sous forme de lavements, mais sans l'associer au sulfate de soude, comme on le fait généralement (une pincée pour un lavement de 4 à 500 grammes). Les thés composés au séné sont, en général, bien appréciés par les malades. Voici une bonne formule :

Feuilles de séné..................	50 grammes.
Fruits d'anis.....................	}
Fruits de fenouil.................	} āā 10 —
Bicarbonate de potasse pulvérisé..	}

Divisez en paquets de 5 grammes. Chaque paquet sert à préparer une tasse de thé, qu'on prendra matin et soir.

On peut préparer le séné sous la forme pilulaire et lui associer l'hydrastis canadensis, comme le conseille M. Germain Sée :

Extrait alcoolique d'hydrastis canadensis	4 grammes.
Folioles de séné lavées, à l'alcool.....	6 —

Pour faire 30 pilules. Une à la fin de chaque repas.

III. *Huiles.* — Je ne fais que signaler l'*huile de ricin*, dont l'effet est trop connu. C'est à peu près le seul purgatif qu'on puisse employer à haute dose (de 30 à 60 grammes) chez la femme atteinte d'affections péri-utérines. C'est à lui que j'ai recours chaque fois qu'il y a lieu d'obtenir une évacuation complète de l'intestin. Cette évacuation donne souvent lieu à l'élimination de membranes ; il faut prévenir les malades de cette pos sibilité.

Chez la femme atteinte d'entérite chronique, je conseille l'usage quotidien d'huile de ricin à petite dose : une cuillerée à café, ou deux capsules avant le premier déjeuner du malade ; les hautes doses doivent être réservées pour les cas où une grande évacuation, une débâcle est jugée nécessaire.

L'*huile d'olive*, employée dans le traitement des coliques hépatiques, est utile chez les femmes constipées. Elle est généralement redoutée et j'ajoute que, pour être efficace, elle doit être prise à la dose de trois ou quatre cuillerées à soupe par jour, et cela pendant une semaine. Il y a cependant des malades qui n'ont pas de répugnance pour avaler l'huile ; dans ce cas, on peut espérer la guérison de l'entérite chronique en appliquant le traitement pendant une semaine chaque mois.

IV. *Composés sulfureux et salins.* — Je désigne sous ce nom certaines préparations composées dont j'élimine systématiquement les sulfates de soude et de magnésie, qui ne conviennent pas dans l'entérite.

Voici la formule qui m'a donné les meilleurs résultats :

Fleur de soufre..................	ãã 15 grammes.
Crème de tartre..................	
Magnésie calcinée................	

Une cuillerée à café tous les matins dans un peu d'eau, immédiatement avant le premier déjeuner.

2° *Calmer la douleur.*

La femme atteinte d'entérite chronique souffre chaque fois qu'elle a une garde-robe ; elle est exposée à des crises aiguës, survenant à des intervalles plus ou moins rapprochés, chaque fois que survient la débâcle entraînant l'élimination muco-membraneuse.

L'indication consiste à calmer la douleur sans employer les opiacés, qui amènent fatalement la constipation et troublent la nutrition.

Je me fais une règle de proscrire l'opium ; cependant, je reconnais que cette règle souffre quelques exceptions dans les périodes aiguës de la maladie que je désigne sous le nom de *périodes d'élimination*. Il y a donc à distinguer, parmi les sédatifs, ceux qui conviennent à la *période d'état* ou période chronique et ceux qui conviennent aux *périodes* aiguës, qui sont en général de courte durée.

Je suis les excellents conseils donnés sur ce point par M. Germain Sée, qui conseille, comme sédatifs dans la période chronique, les bromures de strontium ou de calcium.

Les bromures alcalins de sodium ou de potassium ne doivent pas, en effet, être employés, et cela pour plusieurs raisons : ils irritent l'estomac, ils affaiblissent son pouvoir digestif, ils diminuent les forces générales. Ces divers inconvénients existent bien peu avec le bromure de strontium, ou mieux encore de calcium, qui convient parfaitement à l'estomac ; 2 à 3 grammes par jour suffisent largement pour calmer la sensibilité de la muqueuse stomacale, à la condition de faire prendre 1 gramme en solution *pendant* chacun des trois repas. Voici la formule :

Bromure de calcium (ou de strontium).	30	grammes.
Eau distillée........................	300	—

Une cuillerée à dessert avec deux fois son volume d'eau après avoir commencé à manger.

Bien que la débilitation générale soit beaucoup moins marquée avec les bromures alcalino-terreux qu'avec les bromures purement alcalins, elle n'en existe pas moins à un certain degré. C'est pour la supprimer ou la réduire à son strict minimum que je remplace une partie du bromure de calcium par du chlorure de calcium dans les proportions suivantes :

Bromure de calcium..............	ãã 50	grammes.
Chlorure de calcium.............		
Eau distillée......................	500	—

A défaut des bromures, je prescris souvent l'extrait gras de cannabis indica, de la façon suivante :

Potion gommeuse..................	120 grammes.
Extrait gras de cannabis indica.....	10 centigr.

Prendre trois grandes cuillerées par jour, une avant chaque repas.

Au moment des grandes douleurs, un des meilleurs moyens de soulagement, c'est le menthol :

Menthol..........................	10 à 15 centigr.
Alcool...........................	Q. s. pour dissoudre.
Eau distillée....................	180 grammes.

A prendre par cuillerée à bouche.

Tels sont les sédatifs utiles en temps ordinaire ; mais, lorsque surviennent les débâcles douloureuses, ils sont insuffisants et les malades veulent être soulagées. Voici comment je procède :

Après chaque garde-robe douloureuse, avec ou sans expulsion de membranes, je prescris un lavement destiné à laver l'intestin et à entraîner les mucosités :

Acide borique.....................	10 grammes.
Jaune d'œuf.......................	N° 1.
Eau...............................	500 grammes.

Une fois ce liquide expulsé, j'emploie soit les lavements laudanisés (X à XX gouttes de laudanum pour 100 grammes d'eau), soit des suppositoires :

Chlorhydrate de cocaïne..........	ãã 1 centigr.
Extrait thébaïque................	
Beurre de cacao..................	Q. s.

Pour un suppositoire.

Lorsqu'on redoute l'influence de l'opium, on peut le remplacer par la belladone :

Chlorhydrate de cocaïne..............	1 centigr.
Extrait de belladone..................	2 milligr.
Beurre de cacao......................	Q. s.

Pour un suppositoire.

Cette dernière formule est préférable parce qu'elle n'expose pas à la constipation.

3° *Combattre les fermentations.*

La plupart des femmes atteintes d'entérite chronique présentent les symptômes habituels de la dyspepsie : dyspepsie, tympanisme, flatulence, etc. Je ne puis ici établir la thérapeutique des affections de l'estomac.

J'exprimerai seulement une opinion, à savoir : que la plupart des médicaments antiseptiques ou prétendus tels (naphtol, salol, benzonaphtol, etc.) sont plutôt nuisibles qu'utiles dans les diverses variétés d'entérite.

La plupart des malades confiées à mon observation qui avaient été soumises aux traitements modernes ont été heureuses de revenir aux anti-flatulents de l'ancienne école.

Voici les formules que j'emploie le plus souvent chez les entériques et qui m'ont paru efficaces :

Phosphate de soude......	5 grammes.
Salicylate de soude..................	1 gramme.
Magnésie calcinée.........	4 grammes.

Pour dix cachets. Un après chaque repas.

Ou, lorsqu'il n'y a pas de douleurs :

Phosphate de soude	5 grammes.	
Salicylate de bismuth	ãã 2	—
Charbon de peuplier		
Rhubarbe en poudre	1 gramme.	

Pour dix cachets. Un après chaque repas.

4° *Favoriser la résorption des éléments morbides.*

Lorsque l'entérite muco-membraneuse a pour point de départ une affection utérine, il existe presque toujours des adhérences.

C'est dans ces cas et lorsque l'élément inflammatoire douloureux a complètement disparu qu'on appliquera avec succès le massage, qui aura pour but la destruction des adhérences et la guérison de la constipation.

Les eaux minérales chlorurées et bromurées sodiques (Salins, Chatel-Guyon, etc.) sont très indiquées dans l'entérite chronique de la femme.

TRAITEMENT DE LA DYSMÉNORRHÉE

Je ne m'occupe ici que de la thérapeutique médicale, laissant volontairement de côté toute intervention chirurgicale.

Il importe de distinguer, au point de vue thérapeutique, trois variétés de dysménorrhée :

La dysménorrhée congestive ou inflammatoire ;

La dysménorrhée membraneuse ;

La dysménorrhée par rétention de corps étrangers (dysménorrhée obstructive).

A. — *Dysménorrhée congestive ou inflammatoire.*

S'observe surtout chez les vierges, les nullipares et les chloro-anémiques.

I. — Combattre les symptômes généraux par une médication appropriée. Les femmes dysménorrhéiques étant presque toujours névropathes, l'hydrothérapie est particulièrement indiquée. Veiller au fonctionnement régulier de l'intestin.

II. — Pendant la période intermenstruelle, faire prendre avant chaque repas une cuillerée à café de :

Citrate de fer et de quinine.........	1 gramme.
Alcool à 90°.........................	10 grammes.
Eau..................................	190 —

dans un peu d'eau ou de vin blanc.

III. — Pendant la période menstruelle et aussitôt que survient l'élément douleur :

Repos au lit, serviettes chaudes, cataplasmes laudanisés sur le ventre.

Prendre toutes les deux heures un des cachets suivants :

Salicylate de soude................	ãã 15 centigr.
Analgésine.........................	

IV. — Alterner ces cachets avec :

Teinture de viburnum prunifolium..	2 grammes.
Elixir de Garus....................	30 —
Sirop de menthe poivrée............	15 —
Eau distillée......................	100 —

La teinture de viburnum prunifolium représente un modérateur du pouvoir excito-moteur de la moelle, dont l'action se localise particulièrement sur l'appareil utéro-ovarien.

V. — Si la douleur est intense et s'il existe de l'excitation et de l'insomnie, donner à l'heure du coucher :

Hydrate de chloral...............	āā 6 grammes.
Bromure de strontium...........	
Teinture de chanvre indien.........	XV gouttes.
Sirop d'écorce d'orange............	60 grammes.

Une cuillerée à soupe dans un peu d'eau fraîche à l'heure du coucher; une seconde cuillerée dans la nuit, si cela est nécessaire.

VI. — Ou, si l'estomac est fatigué, le lavement :

Hydrate de chloral.................	4 grammes.
Eau...............................	200 —

VII. — L'opium ne doit pas être employé chez les femmes ayant de la tendance à la constipation. Il augmenterait le tympanisme et les phénomènes dyspeptiques.

Lorsque son emploi est tout à fait nécessaire, je prescris le lavement :

Laudanum de Sydenham...........	XX gouttes.
Camphre pulvérisé..................	20 centigr.
Jaune d'œuf........................	N° 1.
Eau................................	200 grammes.

pour un lavement émulsionné, administré le soir, trois heures après le dernier repas.

B. — *Dysménorrhée membraneuse.*

On sait que, dans cette variété, également fréquente chez les vierges et les nullipares, l'utérus élimine à chaque période menstruelle une matière organisée présentant les caractères histologiques de la muqueuse utérine. Dans quelques cas, cette expulsion n'a lieu que tous les trois ou quatre mois et même plus rarement. Les douleurs prennent, dans ce cas, le caractère expulsif.

Combattre l'élément douleur par le traitement cidessus (A).

Aussitôt que la menstruation commence, placer la malade dans un lit bien chaud, appliquer des serviettes chaudes et de préférence des sacs de caoutchouc remplis d'eau chaude sur les membres inférieurs et le sacrum. Cataplasmes laudanisés très chauds sur l'abdomen.

VIII. — Donner chaque soir, jusqu'à cessation des douleurs, les lavements sédatifs (A, V et VI). Voici une autre formule qui convient particulièrement à la dysménorrhée membraneuse :

Teinture d'asa fœtida	5 grammes.
Teinture de belladone	XX gouttes.
Laudanum de Sydenham	X —
Eau tiède	100 grammes.

IX. — Faire toutes les quatre heures, jusqu'à l'arrivée des règles, une injection vaginale très chaude avec :

Eau à 45°	2 litres.
Essence de thym	XX gouttes.

X. — Dans les cas où la dysménorrhée membraneuse résiste aux traitements ordinaires et que la santé générale est sérieusement ébranlée, il faut renouveler la muqueuse utérine et pratiquer le curetage pendant l'anesthésie, après dilatation préalable. Le curetage aura, en outre, l'avantage de combattre la stérilité, qui est souvent une des conséquences de la dysménorrhée membraneuse.

C. — *Dysménorrhée obstructive.*

Je désigne sous ce nom la dysménorrhée d'origine *mécanique*. Lorsqu'un obstacle s'oppose à la libre issue du sang menstruel accumulé dans la cavité utérine, il se produit des contractions utérines douloureuses, de la distension abdominale et même des symptômes plus graves. La dysménorrhée obstructive peut également être occasionnée par le séjour dans l'utérus de corps étrangers : produits de rétention ovulaires ou placentaires, petits polypes, etc.

Les causes de cette variété de dysménorrhée sont donc : rétrécissement congénital ou acquis du canal cervical.

Flexions ou versions de l'utérus déterminant le séjour du sang dans la cavité du corps.

Rétention de corps étrangers dans l'utérus.

Traitement. — Combattre la douleur et les contractions utérines par les traitements ci-dessus (A et B).

XI. — Lorsqu'il existe du rétrécissement du canal cervical, pratiquer chaque mois la dilatation utérine avec une tige de laminaire parfaitement aseptique.

Introduire, après avoir retiré la tige de laminaire, une bougie utérine ainsi formulée :

Iodoforme en poudre..........	1 gramme.
Gomme arabique..............	ãã 2 grammes.
Glycérine pure..............	
Amidon......................	

pour une bougie ayant 6 centimètres de longueur.

XII. — Dans la rétroversion, cause fréquente de dysménorrhée obstructive, placer un pessaire de Hodge. Faire, pendant toute la période menstruelle, deux injections chaudes par jour (formule VIII). Le pessaire sera évidemment conservé pendant la menstruation.

XIII. — Lorsqu'on suppose l'existence de débris placentaires ou d'un corps étranger, pratiquer la dilatation, puis le curetage.

Enfin, lorsque tous ces moyens ont échoué, on appliquera à la dysménorrhée obstructive par stricture ou rétroversion les traitements chirurgicaux proposés par Sims et décrits dans les ouvrages classiques (discision du col, amputation du col, etc.).

TRAITEMENT NON OPÉRATOIRE DES FIBROMES UTÉRINS

Le médecin appelé auprès d'une femme atteinte de fibrome ne peut immédiatement pratiquer la myomectomie ou l'hystérectomie. Il est des cas, du reste, où ces opérations ne sont pas praticables; il en est d'autres où elles devront être différées. Je vais m'efforcer de résumer le traitement qu'il convient d'appliquer dans ces cas, ainsi que dans ceux, trop nombreux, hélas! où l'électrothérapie aura échoué.

Me trouvant en présence d'un fibrome volumineux donnant lieu aux symptômes habituels : difficulté pendant la marche, due au poids de la tumeur, augmentation du parenchyme utérin, stase sanguine dans les tissus circumvoisins, métrorrhagies, douleurs dans la région pelvienne, cystite et rectite par compression, écoulements vaginaux, etc., je prescrirai le traitement suivant, basé sur les indications. J'énumère donc chaque symptôme pour en instituer la thérapeutique :

A. — *Poids de la tumeur. Développement abdominal. Douleurs pendant la marche.*

Les femmes atteintes d'un fibrom utérin volumineux seront toujours soulagées par le port d'une ceinture hypogastrique en tissu élastique léger. Cette ceinture doit être faite sur mesure et maintenue par des sous-cuisses pour être réellement efficace.

J'ai obtenu un grand soulagement chez les femmes qui renoncent à la coquetterie en supprimant le corset et en conseillant le port de bretelles destinées à supporter le poids des vêtements inférieurs, toujours assez lourds chez la femme.

Enfin, je conseille le massage comme un excellent moyen de traitement des fibromes ; on ne peut espérer obtenir par ce procédé aucune diminution du volume de la tumeur, mais on arrive graduellement à réduire le volume de l'abdomen, à diminuer la stase sanguine et à faire disparaître les symptômes secondaires (tympanisme, constipation, cystite, etc.).

B. — *Métrorrhagies.*

J'ai indiqué, dans un article spécial (Voir p. 21), le traitement des hémorrhagies utérines, applicable à toutes les métrorrhagies non puerpérales, quelle qu'en soit la cause. Il y a donc peu de chose à dire sur ce point, en ce qui concerne les fibromes. Lorsque les hémorrhagies sont profuses et compromettent sérieusement la santé générale, il faut intervenir par une thérapeutique locale.

J'ai obtenu d'excellents résultats et arrêté des hémorrhagies graves en introduisant une tige de laminaire ou éponge comprimée dans la cavité utérine. Non seulement ce procédé a fait cesser des métrorrhagies menaçantes, mais il a semblé diminuer considérablement, par la suite, la tendance aux hémorrhagies.

L'électricité, à laquelle j'ai toujours contesté des propriétés *curatives* sur les fibromes, est efficace contre les métrorrhagies. On emploie l'électricité galvanique : le pôle positif dans la cavité utérine, le pôle négatif sur la paroi abdominale.

Je n'ai jamais obtenu de bons résultats de curetage appliqué au traitement des hémorrhagies utérines dues aux fibromes.

Traitement spécial au fibrome.

Je vais indiquer les quelques médications rationnelles proposées pour combattre le développement du fibrome et réduire le volume de l'utérus. On remarquera que les substances employées appartiennent toutes à la catégorie des emménagogues.

I. — On a attribué à l'hydrastine une action thérapeutique efficace dans le traitement des fibromes. Il était rationnel d'admettre que cet excellent médicament qui contracte l'utérus puisse aider puissamment à la régression du tissu utérin. J'y ai eu recours depuis quelques années et j'en ai obtenu de bons résultats non seulement contre les hémorrhagies, mais contre l'hypertrophie des tissus utérins, qui accompagne presque toujours les fibromes. J'ai eu recours à la médication sous-cutanée.

Voici la formule :

Chlorhydrate d'hydrastine...........	50 centigr.
Eau distillée........................	10 grammes.

Une seringue de Pravaz chaque jour.

II. — Dans les cas où les injections sous-cutanées sont mal supportées, j'emploie l'hydrastis canadensis sous la forme de teinture :

Teinture d'hydrastis canadensis.....	4	grammes.
Sirop thébaïque....................	30	—
Eau distillée......................	150	—

Une cuillerée à soupe trois fois par jour.

III. — L'ergotine est de beaucoup le médicament le plus employé, et il mérite, en somme, la confiance du praticien. Je préfère de beaucoup la voie hypodermique, qui est plus efficace. Voici une bonne formule :

Extrait aqueux d'ergot............	ãã 2 grammes.
Glycérine.........................	ãã 2 grammes.
Eau distillée.....................	10 —

Ajouter quelques gouttes de liqueur de Van Swieten si la solution doit être conservée longtemps.

Injecter une seringue de Pravaz tous les deux jours.

IV. — Lorsqu'il existe des complications cardiaques et une grande distension vasculaire, j'associe la digitale et l'iodure de potassium à l'ergotine :

Sirop de digitale......................	60	grammes.
Iodure de potassium....................	10	—
Sirop d'écorce d'orange................	30	—
Ergotine...............................	2	—

Une cuillerée à soupe matin et soir.

V. — L'ergot de seigle peut être également administré par l'estomac chez les malades qui redoutent la voie hypodermique. Voici la pharmacologie :

Ergot de seigle pulvérisé	5 grammes.
Acide sulfurique	1 gramme.
Eau distillée	250 grammes.

Faire bouillir et évaporer jusqu'à 100 grammes. Ajouter :

Alcool	10 grammes.
Sirop de cinnamum	30 —

Une cuillerée à soupe toutes les heures.

C. — *Constipation.*

C'est un symptôme presque constant lorsque les fibromes sont volumineux. Celle-ci s'accompagne souvent de tympanisme et de phénomènes douloureux, dus à la présence d'adhérences inflammatoires et de fausses membranes. Le praticien doit alors trouver avec discernement tantôt les opiacés, tantôt les laxatifs.

La première des indications consiste à soumettre les malades à un bon régime alimentaire et à éviter la dilatation de l'estomac et de l'intestin.

VI. — La magnésie sera utilement associée au salol pour combattre la constipation, le ballonnement du ventre et l'infection intestinale. On l'emploie en cachets :

Magnésie calcinée	15 grammes.
Salol	50 centigr.

En 15 cachets. En prendre un au commencement de chacun des trois principaux repas.

VII. — Enfin, lorsqu'il existe des vomissements, de l'obstruction des voies biliaires, je préfère le calomel, qui peut être facilement associé à l'opium, pour éviter les coliques ; je prescris :

Calomel.............................	1 gramme.
Extrait thébaïque....................	5 centigr.

Pour dix pilules. Une matin et soir.

Telles sont les principales médications qu'on peut appliquer au fibrome utérin, en attendant le traitement chirurgical. On n'oubliera pas non plus que la clinique a démontré que les tumeurs fibreuses étaient presque toujours améliorées par les eaux bromurées sodiques, telles que Salins-du-Jura et Salins-Moutiers.

TRAITEMENT NON OPÉRATOIRE DE L'HÉMATOCÈLE PELVIENNE

Le temps n'est plus où les traités classiques consacraient de nombreux chapitres à l'hématocèle périutérine. L'affection aurait-elle cessé d'exister depuis que la gynécologie a été envahie par la chirurgie opératoire et l'affection doit-elle figurer sous la rubrique *pyosalpynx* qui semble absorber aujourd'hui toute la pathologie péri-utérine?

Ce n'est point ici qu'on peut discuter cette question complexe. Comme clinicien et comme praticien, je puis affirmer que l'hématocèle pelvienne existe et mérite, de même que la cellulite pelvienne, une thérapeutique spéciale en dehors de l'intervention chirurgicale applicable aux suppurations abdominales.

Avant de formuler le traitement, je rappelle que, dans l'immense majorité des cas, l'hématocèle est intrapéritonéale, qu'elle survient presque toujours brusquement et qu'elle est toujours accompagnée des symptômes ordinaires de la péritonite aiguë.

Il y a donc à distinguer, pour le traitement, une période aiguë et une période chronique.

1° *Période aiguë.* — Elle est presque toujours accompagnée de péritonite ou de symptômes s'y rattachant (Voir *le traitement de la péritonite chez la femme.*) On observe cependant une plus grande soudaineté dans l'invasion de la maladie et une sorte de colapsus se présentant avec des caractères particulièrement graves et non accompagnés de fièvre.

I. — On doit, dans ces cas, outre le traitement général à toutes les phlegmasies abdominales, administrer les stimulants à haute dose (champagne, potion de Todd, etc.), et administrer les médicaments hémostatiques de nature à agir sur l'hémorrhagie interne. Je prescris :

Perchlorure de fer................	XX gouttes.
Sirop d'opium......................	30 grammes.
Eau distillée........................	100 —

Une cuillerée à soupe toutes les heures.

II. — Ou :

Ergotine..............................	4 grammes.
Vin cordial..........................	100 —
Sirop de ratanhia..................	30 —

Une cuillerée à soupe toutes les heures.

Si les douleurs sont très vives, injecter de 1 à 3 centigrammes de morphine par la voie sous-cutanée.

III. — Afin d'obtenir une immobilité absolue, je conseille de vider la vessie à l'aide d'un cathéter en verre et de provoquer la constipation pendant les deux ou trois premiers jours à l'aide de suppositoires :

Beurre de cacao...................	5 grammes.
Extrait thébaïque...	2 centigr.
Extrait de belladone................	5 milligr.

2° *Période chronique.* — Lorsque les symptômes aigus ont disparu et qu'il est possible de pratiquer un examen, voici les principaux signes qui permettent d'affirmer le diagnostic : le toucher vaginal permet de constater la présence d'une tumeur dure, entourant l'utérus. Peu à peu, cette tumeur s'amollit. S'il survient de l'hyperthermie (39° à 40°) coïncidant avec le ramollissement de la tumeur, il y a suppuration.

Tant que l'hématocèle n'est pas suppurée, le repos absolu constitue le principal traitement. L'observation clinique démontre, en effet, que la guérison peut avoir lieu par résorption spontanée de la tumeur sanguine. On devra cependant favoriser cette résorption, toujours très longue, par une médication locale et générale.

IV. — Pour la médication locale, j'appartiens encore à l'école qui prescrit les sangsues et les vésicatoires. Ce mode de traitement, quoique peu goûté des malades, a tout autant de raisons d'être appliqué aux épanchements abdominaux qu'aux affections pleurales. J'ajouterai que l'expérience m'a appris que les vésicatoires appliqués sur l'abdomen ont vraiment une action sédative et résolutive sur les épanchements et les phlegmasies. On devra les renouveler toutes les semaines, en surveillant l'état de la vessie.

V. — A l'intérieur, la médication vraiment efficace est plus limitée. Je prescris l'iodure de potassium associé à la quinine et à l'antipyrine.

Avant chaque repas, un des cachets suivants :

Bromhydrate de quinine...........	ãã 15 centigr.
Antipyrine..........................	

Pour un cachet.

Je donne l'iodure de potassium le matin à jeun avant le premier déjeuner, à la dose de 1 gramme.

Dans l'hématocèle, plus que dans toute autre affection, il faut soutenir les forces vitales par l'emploi d'une médication reconstituante.

VI. *Thérapeutique chirurgicale.* — Je ne fais que la mentionner, puisque je me borne, dans ces articles, au traitement non opératoire.

Peut-on traiter l'hématocèle non suppurée par l'incision abdominale ou la laparotomie? Incontestablement oui, on abrégera ainsi le plus souvent la durée de la maladie, sans faire courir aucun risque sérieux. Cette remarque s'applique surtout aux hématocèles anciennes, accessibles par le vagin. Lorsqu'il faut intervenir par la laparotomie, la guérison est plus longue. En somme, il faut avant tout se souvenir que l'hématocèle pelvienne non suppurée guérit spontanément. Lorsque la présence du pus est établie, l'intervention est nettement indiquée et la thérapeutique chirurgicale est celle de toutes les suppurations pelviennes.

TRAITEMENT DE L'HERPÈS ET DE LA FOLLICULITE VULVAIRES

Je réunis ces deux affections qui ont des caractères communs, qui sont souvent confondues et dont la thérapeutique est à peu près la même.

L'herpès vulvaire est caractérisé par la formation rapide d'un ou plusieurs petits groupes de vésicules à base enflammée, se desséchant bientôt pour se couvrir de croûtes. Il siège de préférence sur le bord des grandes lèvres ou à la fourchette au point de jonction de la peau et de la muqueuse. Il est presque toujours précédé d'une période de malaise fébrile.

La folliculite vulvaire, constituée par l'inflammation des glandes sébacées de la vulve, est caractérisée par la présence de petites tumeurs rouges, prurigineuses, siégeant au niveau des glandes.

A. — *Herpès vulvaire.*

Aussitôt que le prurit ou la douleur indique la formation d'un groupe d'herpès génital, on peut encore espérer enrayer la poussée ou tout au moins en empêcher l'extension par des applications légèrement caustiques. J'emploie la résorcine ou l'acide phénique associés à la cocaïne et à l'alcool :

I. Résorcine........................ 2 grammes.
Chlorhydrate de cocaïne........... 1 gramme.
Alcool à 90°........................ 100 grammes.

Ou :

Acide phénique...................... 25 centigr.
Chlorhydrate de cocaïne............ 1 gramme.
Alcool.............................. 100 grammes.

Appliquer des compresses imbibées de ces mélanges trois ou quatre fois par jour et recouvrir de taffetas gommé.

Mais il est rare qu'on puisse *prévenir* l'herpès génital chez la femme, les malades ne venant nous consulter que lorsque l'éruption est dans son plein. Lorsque l'herpès est sec, c'est-à-dire lorsque les pustules ne sont pas encore desséchées, je conseille d'appliquer d'abord une pommade calmante ou un glycérolé :

II. Borax porphyrisé.................. 1 gramme.
Glycérolé d'amidon................ 10 grammes.
Teinture de myrrhe................ X gouttes.

Immédiatement après l'application du topique, sau. poudrer avec :

III. Sous-nitrate de bismuth............ 4 grammes.
Calomel.......................... 1 gramme.

Lorsque la croûte est tombée, il reste souvent à la place une petite plaie humide qui guérit assez rapidement, mais qui n'en inquiète pas moins les malades, qui voient souvent dans l'herpès une maladie vénérienne.

J'applique alors une poudre astringente, qu'on jette à profusion sur toute la région vulvaire préalablement lavée avec une solution boriquée (à 2/100) ou phéniquée (à 1/100).

IV. Poudre de lycopode.................. 10 grammes.
Tannin.................... } ãã 2 —
Sous-nitrate de bismuth........ }

L'herpès est considéré avec raison comme une maladie à répétition et due à un état général défectueux. On prescrira donc les toniques, les alcalins et surtout la médication sulfureuse thermale (Saint-Honoré, Saint-Gervais, etc.).

B. — *Folliculite vulvaire.*

La médication que je viens de donner pour l'herpès peut être appliquée à la folliculite simple : lotions aseptiques, pommades calmantes (I), poudres isolantes (IV). Mais la maladie étant due à la rétention de pus ou de matière sébacée dans les follicules, ce traitement est parfois insuffisant. De plus, la folliculite s'observe surtout chez les femmes dont le système pileux est riche, atteintes d'écoulements vaginaux et celles dont la vulve est *grasse* et souvent enduite de matière sébacée.

Je conseille, dans ces cas, de grands bains ou des bains de siège émollients (son, amidon), alternés avec des bains alcalins. Matin et soir, la vulve sera lavée avec de l'eau chaude et du savon. J'emploie de préférence le savon boriqué de Vigier.

V. — Après ce lavage, appliquer la poudre :

Acide tannique pulvérisé............	2 grammes.
Sous-nitrate de bismuth............	1 gramme.
Amidon............................	50 grammes.

VI. — Dans certains cas rebelles, je me suis bien trouvé d'un badigeonnage avec une solution de nitrate d'argent :

Nitrate d'argent.....................	1 gramme.
Eau distillée........................	20 grammes.

Pour appliquer avec un pinceau toutes les semaines. Chaque badigeonnage doit être suivi d'un lavage vulvaire avec de l'eau saturée de sel.

VII. — Enfin, lorsque les follicules forment des pustules acuminées, il convient de les inciser après avoir fait précéder la petite opération d'un petit badigeonnage cocaïné (solution à 1/10).

Il est bon, pendant la durée du traitement, d'introduire chaque soir dans le vagin un ovule d'ichthyol de Vigier, pour modifier les sécrétions capables de produire ou d'entretenir la folliculite.

TRAITEMENT DE L'HYPERTROPHIE DU COL

MALADIE DE HUGUIER

La simple hypertrophie du col (avec ou sans élongation), caractérisée par du gonflement produit dans le tissu de l'organe par la persistance de la modification textulaire propre à la grossesse, est une affection fréquente qui peut exister isolément, sans se compliquer d'aucune affection inflammatoire de l'utérus ou des annexes.

Lorsque l'hypertrophie se complique d'un allongement considérable du col donnant lieu à des symptômes graves, elle est susceptible d'un traitement chirurgical : l'amputation du col.

Lorsqu'il n'y a pas d'élongation, mais simplement hypertrophie, cette lésion est susceptible d'un traitement local efficace.

Tous les moyens locaux de nature à diminuer l'hypertrophie et à provoquer le retrait de l'organe peuvent être mis en usage. J'ai plus particulièrement recours aux scarifications, à l'ignipuncture, aux injections interstitielles.

I. — Les scarifications à l'aide d'un bistouri constituent un moyen de traitement simple et assez efficace. Les malades l'acceptent volontiers. Je les répète tous les deux ou trois jours. Ses mouchetures sont pratiquées en assez grand nombre sur les lèvres hypertrophiées à un centimètre de profondeur environ. Après chaque scarification, j'applique sur le col un tampon d'ouate, imbibé d'une solution glycérinée astringente :

Glycérine	100	grammes.
Tannin	20	—

Retirer le tampon après douze heures et faire une irrigation vaginale avec une solution boriquée.

II. — L'ignipuncture *est beaucoup plus efficace* que la scarification. L'opération sera pratiquée avec le spéculum et répétée toutes les semaines. Le couteau sera introduit à un centimètre environ de profondeur et on pratiquera trois ou quatre pointes sur chaque lèvre, La technique de cette petite opération est trop connue pour être l'objet d'une description spéciale.

L'ignipuncture a pour but de déterminer la formation d'eschares, de produire une inflammation éliminatrice et une rétraction cicatricielle de nature à diminuer le volume du col.

III. — Dans les dernières années, j'ai appliqué au traitement de l'hypertrophie du col les injections interstitielles avec des liquides modificateurs. J'ai obtenu par cette méthode d'excellents résultats.

Je dois dire cependant que les injections interstitielles, qui sont utiles dans les simples hypertrophies du col, doivent être proscrites chaque fois qu'il existe une ulcération de nature suspecte et dont l'ablation peut être faite facilement soit par l'amputation, soit par l'opération d'Emmet ou l'opération de Schrœder. *Toute médication locale appliquée à un néoplasme dont l'ablation est facile est une erreur et une perte de temps.*

J'ai toujours obtenu de bons résultats dans l'hypertrophie simple du col par les injections interstitielles. Voici comment je procède :

Une fois le spéculum introduit, je porte le liquide modificateur dans le parenchyme du col avec une seringue de Pravaz.

IV. — Dans l'hypertrophie, je charge la seringue avec le liquide suivant :

Alcool à 90°........................	20 grammes.
Iodoforme...........................	50 centigr.

L'injection provoque une douleur assez vive, mais de très courte durée.

V. — Lorsque l'hypertrophie se complique d'érosions ou d'ulcérations du col, je préfère l'acide phénique :

Acide phénique.....................	1 gramme.
Glycérine pure......................	10 grammes.
Eau distillée........................	90 —

La seringue étant chargée et le spéculum en place, on nettoie d'abord le col avec de l'ouate boriquée, puis on injecte autour de l'orifice, en dix ou douze endroits. A chaque piqûre, on injecte 1 ou 2 millimètres cubes de liquide.

Lorsqu'il injecte des substances actives par cette voie,

l'opérateur doit avoir présent à l'esprit ce fait important *que le liquide est absorbé.*

VI. — Dans les cas où les malades redoutent la petite douleur produite par les injections d'alcool, on peut les faire précéder d'une injection de cocaïne :

Chlorhydrate de cocaïne...........	20 centigr.
Eau distillée..........................	10 grammes.

Une seringue de Pravaz, injectée dans le pourtour de l'orifice du col.

VII. — Lorsqu'il existe des ulcérations fongueuses ayant résisté au traitement ordinaire, lorsque le col est non seulement hypertrophié, mais boursouflé et saignant, je me suis bien trouvé des pansements avec de l'ouate imbibée de :

Acide phénique cristallisé............ ..	5 grammes.
Camphre................................	25 —

Mêlez et faites tiédir au bain-marie.

Ce mélange a une consistance sirupeuse. Il ne doit couvrir que sur les parties ulcérées, et il importe de faire suivre les applications d'un tamponnement avec de l'ouate sèche, destiné à protéger les parois vaginales.

On voit que l'hypertrophie du col est susceptible d'une thérapeutique active en dehors de l'amputation, qui devra être réservée pour les cas graves, où l'allongement de l'organe constitue pour les malades une véritable infirmité.

TRAITEMENT DE L'HYSTÉRIE

L'hystérie revet, chez la femme, différentes formes. J'admets pour la thérapeutique une forme légère, une forme moyenne et une forme grave; enfin, je m'occupe du traitement de l'attaque.

A. — *Forme légère.*

Souvent associée à l'anémie, à la chlorose, à la dysménorrhée et à divers troubles fonctionnels de l'appareil utérin, l'hystérie légère demande une thérapeutique multiple, basée sur la variété des symptômes.

I. *Hydrothérapie.* — Chaque matin, une douche ou une lotion à l'éponge sur tout le corps, suivie d'une friction sèche et d'une promenade d'une demi-heure. Lorsque la malade est faible et anémique, la promenade sera supprimée et remplacée par un repos d'une ou deux heures au lit.

Pendant l'été et lorsque la malade est dans le voisinage de la mer ou d'une rivière, je remplace la douche par une immersion rapide dans l'eau froide. S'il n'y a à proximité ni mer, ni rivière, l'immersion peut avoir lieu dans une baignoire; elle doit être instantanée et suivie d'une friction sèche.

II. — Surveiller les fonctions digestives. Les femmes hystériques sont toujours plus ou moins dyspeptiques.

Fer réduit..........................	10 centigr.
Extrait de quinquina jaune........	ãã 3 centigr.
Extrait de rhubarbe composé......	

Pour une pilule. En prendre une au milieu de chaque repas.

III. — Prendre à la fin de chaque repas une cuillerée à soupe de cette mixture :

Acide chlorhydrique................	1	gramme.
Sirop de limons....................	50	grammes.
Eau distillée......................	450	—

B. — *Forme moyenne.*

I. — Hydrothérapie comme ci-dessus. Il est préférable d'appliquer le traitement hydrothérapique dans un établissement spécial, ce qui assure une thérapeutique plus régulière et éloigne la malade de son milieu habituel, pendant quelques semaines.

II. — Instituer une bonne hygiène et insister sur les exercices physiques. A part l'équitation, qui ne convient qu'aux personnes déjà très exercées dans ce genre de sport, tous les jeux en plein air sont indiqués : gymnastique, lawn-tennis, etc. Je recommande particulièrement la bicyclette ou le tricycle.

III. — Ne donner les bromures que lorsqu'il y a de l'insomnie ou des phénomènes marqués d'instabilité nerveuse. Ces préparations seront toujours données à l'heure du coucher. On peut associer les bromures à la jusquiame et à la belladone :

Bromure de strontium..............	10 grammes.
Sirop de belladone................	30 —
Extrait de jusquiame..............	5 centigr.
Julep gommeux.....................	150 grammes.

Une ou deux cuillerées à soupe à l'heure du coucher.

IV. — Si l'insomnie est très prononcée :

Bromure de strontium.......... }	ãã 10 grammes.
Hydrate de chloral............ }	
Julep gommeux.................	100 —

Une cuillerée à soupe, à l'heure du coucher.

C. — *Forme grave.*

I. — L'isolement est absolument nécessaire dans l'hystérie grave. La malade doit être immédiatement éloignée de sa famille ou du milieu où s'est développée sa maladie.

Le séjour dans un établissement hydrothérapique doit être prolongé et la direction du traitement laissée entre les mains du médecin-directeur, qui sera seul juge de l'opportunité des visites de la famille et des amis.

II. — Surveiller les fonctions de l'estomac et de l'intestin comme ci-dessus (Voyez A, *forme légère*).

III. — Combattre l'insomnie (Voyez B, *forme moyenne*, IV).

IV. — Pendant l'été, conseiller une saison à Lamalou, à Néris ou à Luxeuil.

Pendant l'hiver, conseiller le séjour dans une station méditerranéenne et choisir une station de forêts, éloignée de deux ou trois kilomètres de la mer (Hyères, Valescure-Saint-Raphaël).

V. — Si l'hystérie se complique d'attaques ayant le caractère épileptiforme, administrer les bromures à haute dose. Je préfère le bromure de strontium, qu'on commencera à la dose quotidienne de 2 grammes pour aller jusqu'à 8 grammes, si cela est nécessaire.

D. — *Hystérie compliquant une lésion utéro-ovarienne.*

On recherchera avec soin les lésions utéro-ovariennes qui accompagnent souvent l'hystérie, et principalement l'aménorrhée et la dysménorrhée (Voyez pages 5 et 46).

E. — *Traitement de l'attaque.*

I. — Surveiller la malade et prendre les précautions

nécessaires pour qu'elle ne puisse se blesser ; la délacer et enlever tout ce qui peut gêner la respiration.

II. — Si l'attaque a le caractère épileptiforme, faire inhaler de l'éther, de manière à obtenir une anesthésie partielle, sans aller toutefois jusqu'à la narcose complète.

III. — Pratiquer la compression des ovaires, ou tout au moins exercer une forte pression sur les fosses iliaques.

Tâcher d'obtenir la sédation hypnotique en appliquant les doigts sur les paupières fermées de la malade.

IV. — Instituer le traitement par les bromures alcalins à haute dose, comme ci-dessus.

TRAITEMENT DU LUPUS VULVAIRE

Je ne m'occuperai ici que du lupus érythémateux (séborrhée congestive de Hebra), qui affecte fréquemment la vulve.

Le lupus vulvaire est moins fréquent et rentre dans le cadre des affections cutanées tuberculeuses.

Dans toutes les variétés du lupus, il faut instituer un traitement général et un traitement local.

A. — *Traitement général.*

I. — Je conseille toujours, lorsque l'état général n'est pas tout à fait satisfaisant, et alors même que la nature de l'affection (lupus de Hebra) ne semble pas tuberculeuse, le traitement général de la tuberculose pulmonaire : huile de foie de morue et créosote.

II. — Dans la forme congestive (séborrhée congestive de Hebra), j'institue une médication emménagogue, surtout chez les femmes dont la menstruation est pauvre ou irrégulière. Cette médication peut être associée avec quelques purgatifs, et notamment avec l'aloès. Je prescris les cachets suivants :

Aloès...........................	1 gramme.
Safran..........................	ãã 50 centigr.
Sabine..........................	
Rue.............................	

Pour 10 cachets. En prendre un avant le repas du soir.

III. — Lorsqu'il existe de la chloro-anémie, j'emploie des pilules purgatives et toniques :

Aloès...........................	ãã 2 grammes.
Sulfate de fer..................	
Poudre de cannelle..............	6 —
Conserve de roses...............	Q. s.

Pour 20 pilules. Une avant chaque repas.

IV. — Je donne les préparations arsenicales, lorsque l'élément congestif est moins marqué (arséniate de soude de 5 à 10 milligrammes par jour).

V. — Enfin, on peut associer, comme le conseille Hébra, le fer à l'arsenic.

Voici une formule assez bien acceptée par les malades :

Liqueur de Fowler..................	4 grammes.
Teinture de malate de fer..........	30 —
Eau de menthe......................	150 —

Une cuillerée à soupe par jour, dans un peu d'eau fraîche avant chaque repas.

VI. — Ou en associant le fer au quinquina :

Arséniate de soude..................	5 centigr.
Sirop de quinquina..................	200 grammes.
Tartrate de fer et de potasse..........	1 gramme.

Une cuillerée à soupe avant chaque repas.

B. — *Traitement local.*

Il faut employer successivement des lotions, des lavages et des caustiques, selon le degré de gravité et d'intensité de l'affection.

VII. — Avant d'instituer un traitement local actif, je conseille d'abord des lavages répétés deux fois par jour avec :

Bichlorure de mercure................	1 gramme.
Alcool................................	100 grammes.
Eau..................................	400 —

VIII. — Comme topique, Brocq donne la préférence au savon mou de potasse (savon noir de cuisine), qu'on prépare de la manière suivante :

Prendre du savon mou de potasse, le délayer dans un peu d'esprit de vin ou d'alcool camphré, l'étaler sur un morceau de flanelle, taillé sur le patron de la partie malade, et appliquer le tout pendant la nuit seulement.

Il est utile de bien raser ou couper les poils.

Le lendemain matin, on lave la vulve avec de l'eau chaude et on calme l'inflammation locale qui résulte de ce traitement par quelques topiques émollients : cataplasmes, cold-cream, etc.

On peut renouveler l'application de ce topique chaque soir jusqu'à guérison.

Il est préférable de garder un repos absolu pendant la durée de ce traitement.

IX. — Lorsque le savon ne réussit pas et que l'affection paraît se rattacher au lupus vulvaire, on peut avoir recours aux *scarifications*. Pour être efficaces, celles-ci doivent toujours dépasser un peu les limites de la lésion et atteindre la néoplasie dans sa profondeur. Je conseille les scarifications linéaires quadrillées, aussi serrées que possible et à 2 ou 3 millimètres de profondeur. On les répétera toutes les semaines jusqu'à guérison.

X. — Dans l'intervalle des scarifications, appliquer sur la partie malade l'emplâtre de Vigo ou l'*emplâtre rouge* au minium, proposé par Vidal :

Minium....................................	2 gr. 50
Cinabre	1 gr. 50
Onguent diachylon......................	26 grammes.

XI. — Pour le lupus vulvaire qui n'est pas très étendu, j'emploie volontiers les cautérisations ignées, que les dermatologistes n'aiment pas appliquer sur la face, par crainte des cicatrices apparentes et persistantes.

Les cautérisations peuvent être répétées tous les huit jours ; elles doivent, comme les scarifications, dépasser un peu les limites de la néoplasie.

Il est bon de faire précéder les cautérisations et les scarifications d'une petite anesthésie locale à l'aide d'une application de chlorure de méthyle. Si le mal siège sur la muqueuse, on pourra employer la cocaïne pour atténuer la douleur.

XII. — Enfin, lorsqu'on craint le lupus grave ou l'esthiomène vulvaire et que le néoplasme semble avoir une tendance à s'étendre, il faut agir plus énergiquement et procéder au *raclage* pendant l'anesthésie locale ou générale.

La curette tranchante est nécessaire pour enlever les tissus malades et énucléer les tubercules profonds; chaque petite énucléation de tissu morbide est suivie d'une cautérisation au nitrate d'argent. On étanche le sang avec de l'ouate et on applique un pansement bien serré à l'iodoforme.

Il est souvent nécessaire de répéter l'opération plusieurs fois. Il faut surveiller la cicatrice et agir par la cautérisation ou par un nouveau raclage sur les tubercules qui reparaissent.

TRAITEMENT DE LA MÉTRITE AIGUE

On parle bien peu maintenant de la métrite à laquelle les auteurs classiques, d'il y a seulement quinze ans, consacraient de nombreux chapitres. L'affection aurait-elle disparu du cadre nosologique, pour être entraînée par le torrent qui ramène tout à la gynécologie opératoire? Théoriquement, oui; mais, pratiquement, non. Les praticiens rencontreront encore souvent sur leur route la métrite d'autrefois, c'est-à-dire l'inflammation aiguë ou subaiguë du parenchyme utérin, avec son cortège de symptômes : douleur, vomissements, tympanisme, péritonisme, cystalgie, etc.

C'est le traitement médical de l'inflammation limitée à l'utérus et indépendante de tout état puerpéral que je vais formuler.

I. — Dans la période aiguë: repos absolu, cataplasmes laudanisés sur le ventre, irrigations vaginales chaudes et fréquentes avec un liquide émollient ou légèrement aromatisé ; j'emploie pour cet usage la solution suivante, qui est à la fois aseptique et calmante :

Chloral........................	} ãã 10 grammes.
Naphtol........................	
Alcool.........................	
Eau............................	190 —

Une cuillerée à soupe par litre d'injection chaude (40°). Les injections doivent être données la malade étant couchée.

II. — Après chaque injection, placer sur le col un tampon d'ouate hydrophile, imbibé de :

Glycérine......................	30 grammes.
Iodoforme......................	} ãã 1 gramme.
Chloral........................	

III. — Les ovules médicamenteux à l'iodoforme ou au salol sont d'un emploi plus facile et les malades peuvent les introduire sans douleur.

Les vésicatoires sur le ventre sont indiqués lorsque la douleur est très vive et qu'on craint une extension péritonéale de la phlegmasie.

Ils ne devront pas rester en place plus de huit à dix heures.

Dans les cas moyens, je préfère les applications de compresses de flanelle, imbibées d'essence de térébenthine ou d'alcool et recouvertes de taffetas gommé.

IV. — Un symptôme très fréquent dans la métrite aiguë est le tympanisme et la constipation.

Je prescris, dans ces cas, la potion suivante :

Looch huileux........................	100 grammes.
Chloroforme........................	1 gramme.
Essence d'anis........................	X gouttes.

Une cuillerée à café toutes les demi-heures.

V. — L'alimentation doit être très légère et se composer principalement de jus de viande et d'aliments liquides, afin d'éviter, autant que possible, des selles copieuses, qui fatigueraient l'intestin et, par suite, l'utérus.

VI. — Contre la douleur, je n'emploie l'opium que lorsqu'il y a nécessité absolue. En général, la métrite ne donne pas lieu à des phénomènes très douloureux tant que la phlegmasie ne s'étend pas au péritoine. Dans ce cas, on emploiera les opiacés, comme je l'ai indiqué dans le traitement de la péritonite (*Voyez cet article*).

VII. — J'ai également indiqué le *traitement des vomissements d'origine utérine* qui s'observent fréquemment dans la métrite (Voyez *Vomissements*).

Je suis absolument hostile à toute médication locale appliquée sur le col, telle que scarifications, sangsues, etc., dans la métrite aiguë. La thérapeutique locale doit être réservée pour la période subaiguë et chronique.

En somme, le traitement de la métrite aiguë se résume dans ces quatre indications : repos absolu, irrigations vaginales fréquentes, sédatifs et laxatifs.

TRAITEMENT DE LA MÉTRITE CHRONIQUE

Il faut d'abord bien s'entendre sur la définition de la maladie. J'entends par métrite chronique une affection caractérisée anatomiquement par l'augmentation de volume de l'organe, la dilatation et l'hypertrophie des glandes, et le plus souvent par la lacération ou l'érosion du col.

Comme symptômes principaux : pesanteur abdominale, douleur pendant la marche, leucorrhée graisseuse, blennorrhagie.

Deux indications principales :

1° Modifier le col utérin et traiter les ulcérations ;

2° Modifier la muqueuse utérine et les glandes, seul moyen de combattre efficacement le symptôme le plus pénible et le plus persistant : la leucorrhée graisseuse.

1° *Traitement limité du col.*

La métrite, étant le plus souvent la conséquence de l'accouchement, est presque toujours accompagnée d'une ulcération résultant de la lacération du col pendant le travail. Je formule dans un article spécial le traitement local des ulcérations, érosions et lacérations du col.

2° *Traitement de la métrite proprement dite.*

Les modes de traitement sont nombreux. Je ne fais que signaler les cautérisations intra-utérines au chlorure de zinc et le curetage. J'ai abandonné depuis longtemps les cautérisations au chlorure de zinc, parce qu'elles exposent à l'atrésie du col. Quant au curetage, c'est une véritable opération chirurgicale qui ne rentre pas, à mon avis, dans les moyens que le praticien doit employer couramment dans le traitement de la métrite chronique. Son application doit être réservée pour les cas graves dans lesquels on suspecte dans l'utérus la rétention de débris placentaires. On en a, du reste, un peu abusé dans ces dernières années, comme on l'avait fait au commencement du siècle, à l'époque de Récamier.

Le traitement que je propose et qui me paraît très simplifié est le suivant :

1° Dilatation graduelle avec la laminaire ;

2° Lavage de la cavité utérine avec la sonde à double courant ;

3° Introduction dans l'utérus d'éponges aseptiques et médicamentées, et application d'agents substitutifs sur la muqueuse malade.

Ce traitement, qui semble compliqué, n'est, en réalité,

que l'application rationnelle des divers procédés destinés à ouvrir l'utérus, à en modifier la muqueuse et à le débarrasser des produits morbides qu'il peut contenir.

Je reviens sur chacun des temps qu'il comporte.

1er temps. — *Dilatation.*

Je pratique la dilatation préalable avec des tiges de laminaire que je laisse séjourner seulement douze heures dans l'utérus. Pour être aseptiques, les tiges doivent baigner pendant cinq minutes dans une solution de sublimé à 1/1000.

Je n'ai pas besoin de décrire ici le *modus operandi*, qui est trop connu. Je rappelle seulement à mes confrères qui n'ont pas encore l'habitude des opérations gynécologiques qu'il est important, pour introduire la tige, d'employer le spéculum et de saisir la lèvre antérieure du col avec une pince à griffe. Cette préhension du col n'est jamais douloureuse. Une fois le col saisi de la main gauche, on exerce une traction plus ou moins forte, qui a pour but non seulement d'empêcher le refoulement de l'organe dans la cavité utérine, mais encore de faciliter l'introduction, en redressant l'utérus et en transformant en un canal rectiligne le canal utérin, qui est toujours plus ou moins coudé au point de jonction du col et du corps.

En procédant ainsi, l'*introduction de la laminaire est facile et non douloureuse;* en omettant cette précaution, elle est *toujours difficile et douloureuse.*

Il faut souvent introduire deux ou trois laminaires, dont on augmente progressivement le volume, avant d'obtenir le degré de dilatation et l'accoutumance nécessaires pour le traitement.

2e *temps.* — *Lavage et irritation de la cavité utérine.*

J'attache une importance considérable à cette partie du traitement.

On introduira dans l'utérus dilaté soit la sonde à double courant de Budin ou d'Olivier, soit, mieux encore, la sonde à deux branches de Reverdin, qui a l'avantage de maintenir les parois utérines écartées, et l'on fera une véritable irrigation avec 1 ou 2 litres de liquide très chaud (environ 38°).

J'emploie, de préférence, une solution de carbonate de soude à 3/100, qui se recommande par ses propriétés muco-dissolvantes.

Lorsque l'utérus est infecté, je préfère la mixture suivante, préconisée par M. Viala, sous le nom de salinaphtol :

Naphtol........................	ãã 5 grammes.
Salol........................	
Chloral........................	
Alcool........................	250 —

M. Viala ajoute à sa préparation de l'acide thymique et de l'alcoolat de lavande, et obtient ainsi le produit désigné sous le nom de *salinaphtol*.

Une cuillerée à café par litre d'eau préalablement bouillie.

Le vagin et le col auront été, au préalable, bien désinfectés par des injections vaginales avec cette même mixture.

Pour bien comprendre l'action de ces irrigations vaginales et utérines chaudes, il suffit de bien découvrir le col avec un spéculum et de diriger sur l'utérus un jet vigoureux et prolongé avec la solution chaude au carbonate de soude (3/100). On verra aussitôt les tissus pâlir, ce qui est dû à une sorte d'ischémie produite par la chaleur et par la contraction du muscle utérin; puis, en introduisant le jet dans la cavité du col, il se produira, sous l'influence de ces mêmes contractions, une élimination considérable des sécrétions muco-purulentes, qui constituent le symptôme caractéristique de la maladie qui nous occupe.

Ainsi, par la dilatation et l'irrigation utérine, j'obtiens l'élimination des sécrétions morbides contenues dans l'utérus. C'est déjà une amélioration considérable, qui suffirait à contenter bien des malades. Mais, si l'on veut des résultats durables, il faut faire davantage et modifier la muqueuse utérine elle-même. J'emploie pour cela l'éponge comprimée. Je sais qu'elle a été condamnée au nom de l'antisepsie, mais je voudrais la réhabiliter.

3e *temps. — Modification de la muqueuse utérine.*

Tous les gynécologues ont remarqué que l'éponge préparée contenait dans ses interstices, lorsqu'elle avait séjourné dans la cavité utérine, des fragments de sang, de mucosité et parfois de muqueuse. L'éponge ne se comporte pas comme la laminaire; sa dilatation est plus rapide, moins douloureuse et elle pénètre jusque dans les plus petits interstices de la muqueuse utérine malade. C'est un inconvénient lorsqu'elle n'est pas aseptique, mais c'est un avantage au point de vue thérapeutique. J'ai donc voulu utiliser cette propriété dans un but thérapeutique.

Pour cela, j'emploie des éponges ordinaires que j'ai soin de faire baigner dans une solution de naphtol ou de sublimé au 1/1000, jusqu'à dilatation complète. Ces éponges sont ensuite comprimées et taillées en cône par les procédés ordinaires, et conservées dans un flacon bien bouché et rempli d'iodoforme ou de salol (je préfère l'iodoforme).

L'introduction seule de cette éponge, introduction rendue facile par la dilatation faite au préalable à la laminaire et par l'irrigation utérine, constitue à elle seule une médication très utile et très active. Après avoir été maintenue en place six ou huit heures, elle sera retirée, puis une nouvelle irrigation intra-utérine sera faite.

J'affirme que ce traitement suffira, le plus souvent, à guérir la métrite chronique *de moyenne intensité.*

Mais il est certains cas où la muqueuse utérine a subi de telles altérations que le traitement par la dilatation et l'irrigation devient insuffisant. Telles sont les métrites fongueuses hémorrhagiques dont j'ai parlé plus haut.

Dans ces cas, j'utilise encore les propriétés de l'éponge, non seulement comme agent dilatateur et modificateur, mais encore pour porter dans les replis de la muqueuse malade les médicaments caustiques et substitutifs.

Le traitement est exactement comme je l'ai déjà décrit: dilatation à la laminaire, irrigation, puis introduction d'une éponge comprimée et aseptique, que j'imbibe pendant deux minutes de la solution suivante :

Acide salicylique	1 gramme.
Alcool	10 grammes.
Eau	240 —

L'éponge ne doit être baignée dans la solution que pendant deux minutes, de façon à ce que sa surface seulement soit imbibée. En prolongeant l'immersion pendant un temps plus long, l'éponge perdrait du reste la consistance nécessaire pour son introduction facile dans l'utérus dilaté.

Une fois introduite, l'éponge est laissée en place pendant six à huit heures environ. Elle sera toujours bien supportée. Lorsqu'elle est retirée, on pratique l'irrigation telle que je l'ai décrite dans le 2° temps du traitement.

Playfair et plusieurs gynécologues avaient proposé d'appliquer les médicaments substitutifs sur l'ouate enroulée autour d'un porte-topique. Je préfère l'éponge *aseptique*, pour les raisons suivantes :

1° Elle peut être laissée en place sans déterminer aucune douleur ;

2° Elle emplit totalement la cavité utérine en se dilatant et porte le topique jusque dans les plus petits replis de la muqueuse.

En général, une seule application suffit pour obtenir la guérison ; mais, dans les cas rebelles, où le tissu utérin est dégénéré, je conseille d'appliquer deux ou trois éponges à deux ou trois jours d'intervalle, toujours suivies de l'irrigation utérine.

Tel est le traitement bien simple et *toujours pratique* que je conseille à mes confrères qui se trouvent en présence de malades hésitant à se soumettre au curetage. Il m'a réussi chez bien des femmes qui avaient déjà été curetées par des gynécologues consciencieux. Cela tient à ce que le curetage, que je suis loin du reste de condamner, ne porte pas toujours sur la totalité de la muqueuse malade. L'opérateur opère, en somme, à tâtons et bien des points de la muqueuse peuvent échapper au raclage. Par le moyen que je propose, qui ne présente peut-être pas le côté brillant d'une opération, la muqueuse est soumise dans sa totalité à l'action caustique, sans être exposée aux rétractions qu'on a souvent observées après l'emploi des crayons de chlorure de zinc.

TRAITEMENT DES MÉTRORRHAGIES

L'hémorrhagie utérine est symptomatique d'un si grand nombre d'affections qu'il est presque impossible, dans un simple formulaire, d'indiquer tous les états morbides qui s'y rattachent. Je me contenterai donc de formuler un traitement général, purement médical, sans aborder la thérapeutique opératoire qui est spéciale à chaque cas et en laissant de côté l'obstétrique.

Appelé auprès d'une femme atteinte d'une métrorrhagie grave, j'organise d'abord un traitement général : repos absolu, position dorsale, cuisses fléchies, compresses froides, vessies de glace sur le ventre, boissons glacées et stimulantes, etc.

Puis je cherche, par le toucher et par un rapide examen, à établir un diagnostic provisoire. Je dois alors distinguer pour le traitement deux catégories :

A. — L'hémorrhagie est liée aux avortements et l'utérus contient un œuf ou des débris d'œuf.

B. — L'hémorrhagie est indépendante de la puerpéralité et l'utérus est vide.

A. — *L'hémorrhagie est liée aux avortements.*

On soupçonne l'existence dans la cavité de l'œuf entier ou partiel.

I. — Faire toutes les demi-heures des injections très chaudes avec de l'eau (40 à 44°). Il est préférable d'ajouter à l'eau un agent antiseptique (sublimé, acide borique, acide phénique).

On emploiera de préférence les paquets antiseptiques formulés par Budin :

Sublimé	25 centigr.
Acide tartrique	1 gramme.
Solution alcoolique de carmin d'indigo sec à 5 °/₀	I goutte.

Pour un paquet par litre d'eau.

II. — Appliquer sur le col utérin un ou plusieurs tampons d'ouate sur lesquels on mettra, pour en faciliter l'introduction et les aseptiser, la pommade :

Vaseline	30 grammes.
Biiodure de mercure	55 centigr.

On peut employer des tampons à la gaze iodoformée.

Ce tamponnement a pour but d'arrêter l'hémorrhagie et d'exciter les contractions utérines qui doivent favoriser la sortie de l'œuf.

III. — Si l'hémorrhagie est très abondante et menace l'existence, intervenir et extraire l'œuf, soit avec les doigts, soit avec la pince, soit avec une curette mousse. La technique de l'opération est décrite dans les traités spéciaux. Je rappelle seulement quelques points importants :

Il faut anesthésier lorsqu'on le peut ;

Il ne faut jamais employer la curette tranchante ;

Il faut, aussitôt que l'utérus est vidé, faire une irrigation intra-utérine avec la sonde à double courant, puis appliquer un bon tamponnement vaginal avec de la gaze iodoformée.

IV. — Une fois l'utérus vidé, si l'hémorrhagie continue :

Faire une injection sous-cutanée avec :

Ergotine..........................	1 gramme.
Eau distillée......................	15 grammes.

Une ou deux seringues de Pravaz.

V. — Ou :

Chlorhydrate d'ergotinine..........	1 centigr.
Eau distillée......................	10 grammes.

Une demi-seringue de Pravaz toutes les demi-heures jusqu'à cessation de l'hémorrhagie.

VI. — Enfin, si l'hémorrhagie est toujours menaçante, tamponner fortement l'utérus avec des petits tampons de gaze iodoformée en chapelet, puis appliquer un tamponnement vaginal.

B. — *Hémorrhagies non puerpérales.*

Il faut encore distinguer deux cas :

A. — L'hémorrhagie est profuse et inquiétante.

B. — L'hémorrhagie est permanente, mais non profuse; la quantité de sang ne dépasse pas, en abondance, une menstruation ordinaire et sa persistance seule constitue l'état morbide.

Dans le premier cas, j'emploie la médication souscutanée indiquée plus haut (IV) et je pratique le tamponnement vaginal. Dans certains cas, j'ai pu arrêter des hémorrhagies profuses non puerpérales par l'introduction dans la cavité utérine d'une éponge préparée ou d'une tige de laminaire.

Dans le second cas, on a le temps d'établir le diagnostic et la thérapeutique symptomatique de la métrorrhagie est plus médicale. Voici les formules que j'ai employées avec le plus de succès.

I. — D'abord l'ergot de seigle et ses dérivés :

Poudre d'ergot de seigle..............	2 grammes.
Poudre de feuilles de digitale.........	50 centigr.

Pour 20 pilules. 4 par jour.

II. — Ou :

Teinture d'ergot.................. Teinture de haschisch...........	āā 2 grammes.
Sirop de cachou.......... ...... Eau distillée.....................	āā 60 —

Une cuillerée à soupe toutes les heures.

III. — Dans les cas assez nombreux où l'ergot est mal toléré par l'estomac, je l'emploie en lavement :

Ergotinine........................	5 grammes.
Eau distillée........................	50 —
Glycérine........................	10 —
Acide salicylique..................	5 centigr.

Une cuillerée à soupe dans un demi-verre d'eau tiède en lavement. Avoir soin de vider au préalable l'intestin par un lavement laxatif.

IV. — L'hydrastis canadensis et l'hydrastinine, récemment introduits en thérapeutique, méritent la confiance du praticien.

Voici une bonne formule :

Teinture d'hydrastis canadensis......	2 grammes.
Teinture de cannelle...............	10 —
Extrait thébaïque..................	10 centigr.
Sirop d'écorce d'orange............	30 grammes.
Eau distillée......................	100 —

Une cuillerée à soupe toutes les heures pendant la durée de l'hémorrhagie. Une cuillerée à soupe trois fois par jour comme médication préventive.

V. — L'hydrastinine s'emploie par la voie sous-cutanée :

Chlorhydrate d'hydrastinine........	50 centigr.
Eau distillée......................	10 grammes.

Une demi-seringue de Pravaz matin et soir; répéter plus souvent la dose si l'hémorrhagie est profuse.

VI. — L'extrait de chanvre indien et l'hamamelis ont été employés avec succès. Je les associe dans la formule suivante, qui convient surtout dans les métrorrhagies de la ménopause :

Extrait de chanvre indien	1 gramme.	
Extrait d'hamamelis	5 grammes.	
Teinture de cannelle	āā 30	—
Sirop d'écorce d'orange		
Eau distillée	100	—

Une cuillerée à soupe toutes les heures.

VII. — Enfin, on peut avoir recours aux hémostatiques généraux : perchlorure de fer, eau de Rabel, etc., dont l'action sur l'économie est assez incertaine.

Il ne faut pas oublier que l'hémorrhagie utérine est presque toujours symptomatique d'une lésion plus ou moins grave. Le traitement que je viens de résumer ne peut donc être que le complément d'une thérapeutique curative. Il faut cependant reconnaître qu'il existe, surtout à l'époque de la ménopause, des métrorrhagies essentielles, qui sont susceptibles d'un traitement exclusivement médical.

TRAITEMENT DE LA NYMPHOMANIE

Je ne m'occupe ici que de l'affection caractérisée par l'exaltation de l'appétit vénérien, et non de la vésanie, véritable névrose génitale, qui complique un grand nombre de manies et rentre dans le cadre des affections mentales.

Ainsi limitée, la nymphomanie est encore une maladie fréquente qui s'observe même jusque dans la vieillesse.

Voici le traitement à instituer :

I. — Rechercher avec soin toutes les causes locales qui peuvent entretenir le prurit vulvaire : vaginite, végétations, vulvite, eczéma, syphilis, herpès (*Voir ces mots*).

II. — S'enquérir des affections générales pouvant déterminer le prurit et penser surtout au diabète.

Ces premiers points élucidés, voici le traitement à instituer :

III. — Dans les cas où la nymphomanie semble liée à des troubles du système nerveux, les bromures à dose moyenne sont indiqués; associés à l'opium, ils combattent d'une façon très efficace l'exaltation de l'appétit vénérien :

Bromure de strontium..............	10 grammes.
Extrait thébaïque....................	5 centigr.
Teinture de jusquiame................	2 grammes.
Sirop d'écorce d'oranges amères.....	90 —

Une cuillerée à soupe le soir, à l'heure du coucher.

IV. — On peut ajouter du camphre au bromure de potassium :

Bromure de potassium..............	4 grammes.
Jaune d'œuf..........................	N° 1.
Émulsion sucrée......................	190 grammes.
Camphre..............................	25 centigr.

Une cuillerée à soupe le soir, à l'heure du coucher.

V. — Lorsqu'il existe de l'insomnie, j'ajoute du chloral à la potion nocturne :

Hydrate de chloral..................	ãã 5 grammes.
Bromure de strontium.............	
Extrait de jusquiame...............	ãã 3 centigr.
Extrait thébaïque..................	
Extrait de chanvre indien..........	
Sirop d'écorce d'oranges amères.....	100 grammes.

Une ou deux cuillerées à soupe à l'heure du coucher.

VI. — Les applications locales sont utiles, alors même qu'il n'existe aucune lésion appréciable; c'est à la cocaïne qu'il faut donner la préférence, sous forme de lotions ou de pommade :

Chlorhydrate de cocaïne............	2 grammes.
Eau de laurier-cerise...............	4 —
Eau distillée........	100 —

Pour lotions chaque soir, ou :

Chlorhydrate de cocaïne............	2 grammes.
Vaseline blanche....................	20 —
Essence de roses.....	1 goutte.

VII. — L'hydrothérapie est indiquée dans tous les cas. Lorsque la douche scientifique n'est pas possible, faire une application d'eau très froide sur la colonne vertébrale à l'heure du coucher.

Les eaux minérales les plus utiles sont Néris et Royat.

VIII. *Traitement moral.* — Combattre l'onanisme, s'il existe, par les moyens d'ordre moral.

Le mariage est indiqué chaque fois que les malades ne sont pas menacées d'affections mentales.

Éviter l'isolement, la lecture des ouvrages licencieux, la fréquentation des théâtres ; voyages, vie à la campagne, aux bains de mer ou dans des pensions alpestres, *mais toujours en compagnie.*

IX. *Indications chirurgicales.* — Dans les cas où la nymphomanie est très intense, lorsqu'elle fait craindre des complications mentales et que tous les traitements rationnels ont échoué, la *clitoridectomie* est indiquée, surtout lorsque le mariage est impossible et que les habitudes d'onanisme sont invétérées. J'ai vu cette opération donner de bons résultats dans plusieurs cas graves.

La *nymphotomie* a été également pratiquée avec succès dans les cas où les petites lèvres provoquaient par leur longueur la gêne de la marche et le prurit génital. C'est là une excellente opération, ne présentant aucun danger et qui rend de grands services à un bon nombre de femmes.

TRAITEMENT DE L'OBÉSITÉ CHEZ LA FEMME

Le traitement de l'obésité présente quelques indications spéciales chez la femme, non seulement parce que la diathèse semble avoir une action particulière sur les organes génitaux (aménorrhée, stérilité, frigidité, etc.), mais parce qu'elle est souvent accompagnée d'adhérences péri-utérines qui ne permettent pas d'appliquer avec la même rigueur les règles thérapeutiques auquel l'homme vigoureux peut être soumis.

Je vais formuler ici un traitement qui m'a donné de nombreux succès chez les femmes qui ont bien voulu le suivre avec persévérance.

Je le diviserai en quatre parties qui toutes ont leur importance et doivent être appliquées simultanément :

Traitement médicamenteux.
Traitement diététique.
Traitement local.
Traitement hygiénique.

A. — *Traitement médicamenteux.*

La *médication pure* vient, à mon avis, en premier lieu chez la femme qui se soumet difficilement aux traitements diététique et hygiénique. Elle est basée sur les purgatifs, les alcalins, les iodures et les opiacés; elle a pour but l'évacuation des graisses et des produits biliaires, la perversion de la nutrition et le ralentissement des échanges.

I. — Je me suis arrêté à la *scammonée* parmi les purgatifs actifs les mieux supportés par la femme obèse. Elle agit sûrement sans fatiguer l'intestin et produit très rapidement une diminution de volume de l'estomac et de l'abdomen. Voici la formule que j'emploie :

Scammonée...........................	1 gramme.
Essence d'anis........................	1 goutte.

Pour un cachet.

En prendre un le soir, vers minuit.

Il importe de prévenir les femmes qui prennent ce médicament pour la première fois que son action est très active et a lieu environ cinq ou six heures après l'ingestion. La dose sera renouvelée tous les deux ou trois jours, et même plus rarement, selon la tolérance des malades. *Les femmes qui supportent bien la scammonée maigrissent rapidement.*

II. — En même temps que la scammonée, je fais prendre chaque matin, immédiatement avant le premier déjeuner, un verre à bordeaux d'une des nombreuses eaux purgatives (Carabana, Janos, etc.) ou une cuillerée à café de la poudre suivante, dans un peu d'eau :

Follicules de séné en poudre......	āā 3 grammes.
Crème de tartre..................	
Soufre sublimé..	
Anis étoilé en poudre............	2 —
Sucre..........................	40 —

Parmi les nombreux médicaments spéciaux préconisés contre l'obésité, l'iodure de potassium est celui que j'emploie aujourd'hui ; j'y ajoute cependant l'extrait de fucus, qui a donné quelques résultats en l'associant dans la formule suivante :

Iodure de potassium.................	10 grammes.
Extrait alcoolique de fucus vesiculosus.	5 —
Sirop d'écorce d'oranges amères.....	190 —

Une cuillerée à soupe tous les soirs, les jours où la malade ne prend pas la scammonée.

III. — Enfin, l'expérience acquise dans le traitement de la morphinomanie m'a permis de constater que les préparations opiacées, qui ralentissent les échanges, permettent à la femme de réduire l'alimentation sans en être trop incommodée. J'associe, dans ce cas, l'opium à l'iodure de potassium :

Iodure de potassium................	10 grammes.
Extrait thébaïque..................	20 centigr.
Sirop d'écorce d'oranges amères.....	190 grammes.

Une cuillerée à soupe chaque soir (même réserve que pour la formule précédente).

B. — *Traitement diététique.*

Le *traitement diététique* est plus compliqué. Étant donnée la difficulté qu'on éprouve à l'imposer à la femme qui ne veut pas renoncer à ses habitudes mondaines, je l'ai simplifié le plus possible et ne lui ai pas donné cette forme mathématique des pesées, qui n'est pas toujours pratique.

La femme doit manger souvent, afin de se soustraire aux repas copieux. Il faut quatre repas et cinq si possible. Voici quelle en est la substance.

Premier déjeuner de sept à neuf heures.

Environ 50 grammes de viande (le choix en est laissé à la patiente), pain grillé ou en flûte à discrétion ; une tasse de café sans lait, *pas de beurre.*

Deuxième déjeuner de onze heures à une heure.

Viande à discrétion, un œuf, fromage, 50 grammes de pain grillé ou en flûte; une tasse de thé, avec ou sans lait.

Troisième repas ou goûter.

Une tasse de thé ou un verre de madère, avec des biscuits secs.

Quatrième repas entre sept et huit heures.

Pas de potage, viande et poisson à discrétion,

salade, environ 50 grammes de légumes, fromage, 50 grammes de pain grillé ou en flûte, un fruit, un verre de bordeaux ou de bourgogne pur.

Cinquième repas entre onze heures du soir et une heure du matin (facultatif).

Légère collation composée d'un verre de madère, d'une tranche de viande froide et d'un biscuit sec.

Suppression absolue du beurre et des boissons gazeuses.

On voit que ce régime est d'une extrême simplicité, puisqu'il ne défend rien de l'alimentation ordinaire et ne diffère de la diète habituelle que par l'addition d'un repas à la fourchette, le matin.

C. — *Traitement local.*

Le *traitement local* a une très grande importance chez la femme dont l'obésité se complique d'affections utérines ou péri-utérines. Il consiste dans un massage scientifique, non seulement des muscles de la région abdominale et lombaire, mais encore de l'utérus et de ses annexes lorsque ceux-ci sont enclavés et adhérents aux organes voisins.

Le massage n'est applicable que lorsque les complications inflammatoires ont disparu ou sont considérablement atténuées.

Il doit être appliqué avec persévérance, surtout chez les femmes qui ne peuvent marcher et se livrer aux exercices physiques.

D. — *Traitement hygiénique.*

L'exercice et l'hydrothérapie, ainsi que la sudation, sont nécessaires pour combattre l'obésité.

L'exercice a pour but d'augmenter l'oxydation des tissus, de fortifier le système musculaire et d'empêcher l'envahissement des fibres musculaires par la graisse interstitielle. C'est malheureusement cette partie du traitement qu'il est le plus difficile de faire accepter aux femmes, même lorsqu'il n'existe aucune contre-indication du côté des organes génitaux.

La marche est rarement acceptée par les femmes obèses. On peut avoir recours à des appareils gymnastiques installés dans les appartements (gymnastique suédoise) et qui permettent un exercice rationnel des muscles. J'insiste, chaque fois que cela est possible, pour que les séances de gymnastique aient lieu dans des établissements spéciaux, où les malades sont dirigées et stimulées.

Pour varier, je prescris l'usage de la bicyclette quand il n'y a pas de contre-indication dans l'état local. La nouveauté de cet exercice, qui est en même temps un amusement, m'a permis de tirer un grand nombre de femmes de leur torpeur orientale.

Enfin, la sudation (bain turc), suivie de la douche et du massage, vient très utilement compléter la thérapeutique de la femme obèse, qui accepte très bien cette partie du traitement lorsqu'il n'existe aucune contre-indication du côté des organes thoraciques.

Les cures thermales sont très utiles dans l'obésité,

parce qu'elles obligent à un déplacement et favorisent l'application des méthodes thérapeutiques que j'ai formulées plus haut.

J'insiste surtout sur les eaux sulfatées sodiques (Marienbad et Carlsbad) et sur les eaux de Brides et de Châtel-Guyon.

TRAITEMENT DE L'ŒDÈME VULVAIRE

J'ai été appelé assez souvent à constater un véritable œdème vulvaire indépendant de la syphilis et de toute affection locale, telle que : abcès, cancer, éléphantiasis, blennorrhagie, etc.

Alors même que cet œdème reconnaîtrait une cause locale quelconque, il m'a paru utile de formuler le traitement de cette complication.

Je distinguerai, pour le traitement, deux variétés : l'œdème dur sans infiltration, l'œdème avec infiltration (complication fréquente de l'accouchement).

Œdème dur, éléphantiasis.

Dans l'*œdème dur*, qui peut être assimilé à un commencement d'éléphantiasis et chez lequel on doit toujours soupçonner la syphilis, le traitement est à la fois local et général.

I. — Applications chaque soir de la pommade suivante :

Onguent mercuriel simple	30 grammes.
Extrait de belladone	1 gramme.
Essence de bergamote	X gouttes.

II. — Chaque matin, prendre un bain de siège prolongé, auquel on ajoute un verre à liqueur de liqueur de Van Swieten ; puis laver les parties avec du savon au goudron, bien sécher avec de l'ouate hydrophile et appliquer pendant le jour la poudre suivante :

Salicylate de bismuth	2 grammes.
Poudre d'amidon	30 —
Tannin	4 —

Appliquer cette poudre plusieurs fois dans la journée, de façon à maintenir les parties malades toujours à l'abri de l'humidité.

III. — Le traitement général est très important et doit être appliqué avec persévérance, quelle que soit l'origine du mal : syphilis, éléphantiasis, strumose, scrofule, etc. J'emploie de préférence les préparations à base d'iodure de sodium :

Iodure de sodium	10 grammes.
Sirop d'écorce d'oranges amères	190 —

Une cuillerée à soupe avant chacun des deux principaux repas.

Bains de mer, hydrothérapie, eaux et bains sulfureux, régime réconfortant, toniques, huile de foie de morue, etc.

Œdème avec infiltration.

Le traitement est purement local dans cette variété assez fréquente d'œdème vulvaire.

IV. — En premier lieu, ordonner le repos absolu; appliquer sur la vulve un bandage en T. En interceptant une forte couche d'ouate entre la vulve et le bandage, on peut exercer une compression assez forte et réduire l'œdème.

V. — Mais, lorsque le gonflement est considérable, je conseille d'intervenir soit par des mouchetures, soit avec la seringue de Pravaz.

Je lave, au préalable, la région avec de l'eau chaude et du savon, puis j'applique une compresse imbibée d'une solution de sublimé au millième. Je pratique ensuite de nombreuses mouchetures avec un trocart très fin ou, mieux encore, j'emploie la seringue de Pravaz, qui permet l'aspiration du liquide infiltré. Je renouvelle ensuite la compression vulvaire avec de l'ouate boriquée.

Cette petite intervention a toujours amené un grand soulagement, sans présenter aucun inconvénient. Elle peut être renouvelée chaque fois que cela est nécessaire.

TRAITEMENT DE LA PÉRITONITE CHEZ LA FEMME

On peut presque affirmer qu'il n'y a pas de péritonite essentielle chez la femme. Mais quelle que soit la cause de l'inflammation, qu'elle soit due à un traumatisme, à la formation d'une hématocèle ou à toute autre cause, les règles générales du traitement initial sont à peu près les mêmes. J'ajouterai que, lorsque le praticien est appelé subitement auprès d'une femme atteinte d'une péritonite de cause non perpüérale, il est le plus souvent obligé d'instituer un traitement immédiat, avant même de connaître avec certitude la cause initiale du mal.

Deux indications essentielles :

A. — Combattre la douleur et l'extension de la phlegmasie ;

B. — Combattre les vomissements, le tympanisme, la constipation et autres symptômes secondaires.

A. — *Combattre la douleur.*

I. — Au début et surtout lorsque la maladie est localisée, appliquer *loco dolenti* de quinze à vingt sangsues.

II. — Appliquer ensuite sur la totalité de l'abdomen une couche de collodion riciné. Renouveler l'application toutes les vingt-quatre heures.

III. — Donner toutes les heures une des pilules suivantes :

Extrait thébaïque	25	centigr.
Sulfate de quinine	50	—
Extrait de cannabis indica	5	—

M. pour dix pilules.

IV. — Si la douleur est intense, procurer un soulagement immédiat par une injection hypodermique contenant de 1 à 3 centigrammes de chlorhydrate de morphine. Il est préférable de combattre la douleur par des préparations opiacées à l'intérieur, étant donnée l'extrême facilité avec laquelle les malades s'habituent aux injections hypodermiques. Le péritonisme est, chez la femme, l'affection qui donne le plus souvent naissance à la morphinomanie.

Les vessies de glace appliquées sur l'abdomen sont utiles. Dans beaucoup de cas où le poids de la glace ne peut être toléré, je préfère des flanelles chaudes, imbibées d'essence de térébenthine et recouvertes de taffetas gommé. Dans tous les cas, il importe d'intercepter une flanelle entre l'abdomen et la vessie de glace.

VI. — Si les vomissements ne permettent pas l'emploi d'une médication calmante par l'estomac, je formule des suppositoires :

Beurre de cacao.	2 grammes.
Extrait thébaïque.	2 centigr.
Extrait de belladone.	ãã 2 milligr.
Extrait de ciguë.	

Pour un suppositoire. Un toutes les heures, jusqu'à cessation de la douleur.

VI. — Contre l'insomnie, administrer le soir un lavement :

Hydrate de chloral.	2 grammes.
Eau.	150 —
Jaune d'œuf.	N° 1.

B. — *Combattre les vomissements.*

I. — J'emploie la potion de Rivière, les boissons gazeuses et glacées, le champagne frappé. J'ai souvent recours avec succès à la vieille potion de Boerhaave :

Suc récent de citron.	15 grammes.
Bon vin rouge ou blanc.	30 —

Ajouter au moment d'avaler :

Bicarbonate de potasse.	4 grammes.

Et boire immédiatement au moment de l'effervescence.

II. — La vessie de glace appliquée sur l'estomac diminue généralement les vomissements et permet ainsi l'alimentation, qui se composera de jus de viande froid ou de lait coupé d'eau de Seltz.

C. — *Combattre la constipation.*

III. — La médication narcotique, indispensable dans le traitement de la péritonite, détermine de la constipation et du tympanisme. Il importe cependant d'assurer le bon fonctionnement de l'intestin, sans provoquer de coliques, ce qui est parfois difficile. Dans ce but, je fais prendre chaque matin deux ou trois capsules d'huile de ricin. Il y a souvent avantage à donner le calomel à doses fractionnées :

Calomel à la vapeur..................	20 centigr.
Sucre blanc pulvérisé..................	1 gramme.

Pour 10 paquets. Un toutes les deux heures.

La magnésie calcinée est le laxatif qui convient le mieux dans les affections abdominales de la femme.

IV. — Les eaux minérales purgatives sont préférables dans la période subaiguë ou chronique. Enfin, lorsque la constipation persiste ou lorsque l'estomac rejette les laxatifs, il faut recourir aux lavements à la glycérine, aux suppositoires à la glycérine solidifiée et, en cas de nécessité absolue, au lavement purgatif traditionnel qui vide facilement l'intestin et fait disparaître le tympanisme sans provoquer trop de douleurs :

Follicules de séné..................	8	grammes.
Sulfate de soude..................	15	—
Miel de mercuriale..................	60	—
Eau bouillie..................	400	—

V. — Les applications mercurielles ne conviennent que lorsque la péritonite est arrivée à l'état subaigu et alors que le diagnostic sera déjà bien établi. J'emploie la formule :

Onguent mercuriel simple...........	20 grammes.
Extrait de belladone...............	ãã 2 —
Iodure de potassium..............	

Appliquer de cette pommade gros comme une noisette dans la région hypogastrique, trois fois par jour ; recouvrir ensuite d'un cataplasme de farine de lin. Cesser s'il y a de la salivation.

Comme la péritonite chez la femme est presque toujours d'origine utérine ou puerpérale, il faut établir le diagnostic d'une façon précise aussitôt que l'atténuation des symptômes aigus permet l'exploration vaginale et abdominale. Il ne faut cependant, dans aucune période de la maladie, négliger le lavage et l'asepsie des organes génitaux. Je conseille donc de pratiquer fréquemment des injections vaginales chaudes (37° ou 38°) avec une solution phéniquée à 10/1000.

VI. — Enfin, lorsque la péritonite est d'origine perpuérale et qu'on soupçonne la rétention de produits placentaires dans l'utérus ou l'existence d'une suppuration pelvienne, ce qui est indiqué par les hautes températures (40° à 41°), on ne saurait s'en tenir à la médication symptomatique que je viens d'exposer. Je conseille, dans ces cas, d'anesthésier la malade, d'établir d'une façon précise la cause des symptômes graves et d'intervenir selon les indications (curetage, ouverture des abcès pelviens, laparotomie, etc.).

TRAITEMENT DU PHLEGMON PÉRI-UTÉRIN

(CELLULITE PELVIENNE)

L'envahissement, assez justifié du reste, de la pathologie utérine par la chirurgie, qui semble devoir ramener toutes les maladies et suppurations pelviennes au pyo-salpynx, me paraît cependant devoir s'arrêter devant un type morbide toujours très fréquent : le phlegmon péri-utérin, que les Anglais et les Allemands désignent sous le nom de cellulite pelvienne.

Le phlegmon utérin occupe le sommet ou la base du ligament large ; il siège derrière l'utérus (phlegmon utéro-sacré), ou en avant (paramétrite antérieure, phlegmon de la cavité de Retzius).

Le phlegmon péri-utérin ne se termine pas nécessairement par la suppuration. Dans ces cas, la thérapeutique n'a rien de chirurgical. C'est celle que je vais formuler. Au point de vue du traitement, il faut distinguer la période aiguë et la période chronique.

A. — *Période aiguë.*

I. — La première indication est le repos absolu. Le toucher révèle l'existence d'une tumeur bombant le plus souvent dans le vagin et dont le siège varie selon l'emplacement qu'occupe la phlegmasie. Cependant, cette tumeur n'est pas facilement accessible au toucher dans les cas où le phlegmon occupe le ligament large. La douleur, qui est toujours très intense, indique, mieux que l'examen bimanuel, le siège de la maladie.

II. — Combattre la douleur par la médication que j'ai indiquée pour la péritonite : opiacés par le rectum, narcotiques, etc. (Voir p. 111).

III. — Combattre les vomissements qui constituent un des symptômes fréquents de la maladie (Voir *Vomissements d'origine utérine.*

IV. — Combattre la fièvre et l'hyperthermie. Les analgésiques nouveaux sont très utiles dans le phlegmon péri-utérin ; ils agissent à la fois sur la température et sur la douleur. Je prescris la potion suivante :

Antipyrine	2	grammes.
Sirop de pavots blancs	30	—
Alcoolat de menthe	10	—
Eau de tilleul	60	—

Une cuillerée à soupe toutes les heures.

Médication locale.

V. — Applications de sangsues à l'hypogastre du côté où il est possible de percevoir la tumeur et lorsque la phlegmasie s'étend jusqu'à la paroi abdominale. Applications d'onguent mercuriel et de cataplasmes sur la même région.

VI. — Applications d'ovules médicamenteux à la glycérine dans le vagin, ou de tampons imbibés de :

Glycérine officinale................	30 grammes.
Chlorhydrate de cocaïne............	1 gramme.

VII. — Maintenir l'asepsie du vagin par des irrigations chaudes, trois ou quatre fois par jour, avec :

Naphtol..........................	āā 10 grammes.
Chloral..........................	
Acide thymique.....................	1 gramme.
Alcool............................	240 grammes.

Deux cuillerées à soupe par litre.

On peut employer tout autre agent antiseptique, à l'exception du sublimé, dont l'action prolongée est trop irritante.

B. — *Période subaiguë ou chronique.*

Aussitôt que les symptômes aigus sont dissipés et qu'il n'est plus nécessaire de combattre l'élément douleur, un examen plus approfondi permet de se rendre un compte exact de la situation ainsi que du volume de la tumeur et, dans quelques cas, de constater ou la suppuration ou la tendance à la résolution.

a. *Suppuration.* — Lorsque la suppuration est nettement démontrée, le traitement ne comporte pas *nécessairement* l'intervention chirurgicale. Sans doute, il convient de donner issue au pus le plus tôt possible chaque fois que la tumeur fluctuante émerge dans une partie accessible du vagin. Mais cela est rarement le cas. Le plus souvent, la poche purulente ne peut être atteinte que par la laparotomie et, dans certains cas, il faut pratiquer l'hystérectomie vaginale pour atteindre sûrement le sac.

Je ne discuterai pas ici ces interventions, souvent justifiées, puisque je n'aborde pas, dans ces formules, la thérapeutique chirurgicale. J'insiste seulement sur un point, à savoir : le phlegmon suppuré de la cavité de Retzius s'ouvre le plus souvent spontanément dans le rectum, dans le vagin ou dans la vessie. Cette ouverture spontanée fait disparaître immédiatement les symptômes graves et, dans quelques cas, peut être suivie par la guérison définitive. *J'en ai connu de nombreux exemples authentiques.* Dans d'autres cas, au contraire, l'ouverture spontanée du sac dans les cavités voisines donne lieu à des symptômes variés : fistules, abcès pelviens multiples, qui rendent la laparotomie ou l'hystérectomie inévitables.

b. *Résolution.* — S'il n'y a pas suppuration, le phlegmon péri-utérin se termine par la formation d'une sorte de tumeur indurée, rarement douloureuse au toucher, ayant pour principal inconvénient de déterminer des adhérences de l'utérus et des annexes. La thérapeutique non chirurgicale reprend ici ses droits; elle consiste à :

Favoriser la résolution complète de la tumeur ;

Rompre les adhérences et rendre à l'utérus sa mobilité.

VIII. — Un grand nombre de cliniciens croient encore à l'efficacité des vésicatoires et des pointes de feu, appliqués dans la région hypogastrique, le plus près possible du siège de l'induration. Une telle pratique, contestée par l'école chirurgicale absolue, me paraît soutenable en se plaçant sur le terrain purement clinique. J'y ai recours dans un bon nombre de cas, ainsi qu'aux autres révulsifs (teinture d'iode, huile de croton, etc.), en surveillant avec soin l'état général de la malade et le bon fonctionnement de la vessie.

IX. — Comme traitement général, je conseille les iodures associés à la médication reconstituante. Voici la formule que j'emploie le plus habituellement et qui est, du reste, celle qui s'applique à toutes les indurations et adénopathies :

Iodure de sodium..................	20 grammes.
Sirop d'écorce d'oranges amères.....	500 —

Une à deux cuillerées à soupe par jour.

X. — Enfin, le véritable traitement local du phlegmon péri-utérin chronique non suppuré et compliqué d'adhérences consiste dans le *massage*. Je ne puis, dans une simple formule, exposer la technique détaillée de ce traitement, sur lequel j'ai déjà publié divers travaux. Un ou deux doigts seront introduits dans le vagin jusque sur le col utérin ou sur le siège de l'induration, pendant que la main gauche, appliquée sur la paroi abdominale, fera une contre-pression. On arrive ainsi à saisir entre les deux mains la masse indurée ou l'utérus enclavé et, par des pressions et massages gradués, à détruire les adhérences. Le massage est une des actions thérapeutiques les plus efficaces que je connaisse dans les affections chroniques de l'utérus et de ses annexes.

TRAITEMENT DU PROLAPSUS UTÉRIN, DE LA RECTOCÈLE ET DE LA CYSTOCÈLE

Je joins au prolapsus utérin deux autres variétés de prolapsus qui l'accompagnent fréquemment : le relâchement de la paroi antérieure du vagin avec procidence de la vessie (cystocèle); le relâchement de la paroi postérieure avec procidence du rectum (rectocèle).

La thérapeutique de ces affections est essentiellement chirurgicale et mécanique. Certains chirurgiens proposent aujourd'hui l'hystérectomie totale pour le traitement radical du prolapsus utérin; une telle pratique est soutenable chez la femme ayant dépassé la ménopause; pour la cystocèle, c'est la colporrhaphie antérieure qu'il convient de pratiquer; pour la rectocèle, c'est la colpo-périnéorrhaphie.

Mais je ne fais ici que la thérapeutique non opératoire. Du reste, il convient toujours d'essayer, avant l'intervention chirurgicale, les traitements plus simples que tous les praticiens doivent être à même d'appliquer.

Le traitement que je propose a pour but :

1° Essayer de modifier, de tanner, la muqueuse vaginale et d'en obtenir le retrait par des applications astringentes ;

2° Soutenir l'utérus et empêcher le prolapsus de l'organe et des muqueuses vaginales par l'emploi des pessaires.

1° *Modification des muqueuses vaginales.*

J'ai souvent obtenu le retrait des muqueuses relâchées par une sorte de tannage à l'aide de lotions astringentes et d'applications de poudres sèches. Voici les formules que j'emploie :

I. — Faire matin et soir, après une injection avec une solution boriquée (à 40/1000), une lotion avec un pinceau imbibé de :

Permanganate de potasse...........	25 centigr.
Eau..............................	30 grammes.

Ne pas toucher le méat urinaire, mais seulement la muqueuse vaginale. Appliquer ensuite un tampon d'ouate sèche ; répéter ces applications tous les deux jours.

II. — Ou appliquer avec le spéculum un tampon

assez volumineux d'ouate hydrophile, imbibé de :

Acide salicylique	25 centigr.
Naphtol	50 —
Chloral	3 grammes.
Alcool	20 —
Eau	200 —

III. — Lorsque l'acide salicylique exerce une action trop irritante, ce qui est fréquemment le cas, j'emploie la formule suivante :

Teinture d'iode	10 grammes.
Tannin	15 —
Glycérine	60 —

Le tampon sera bien imbibé, introduit à l'aide du spéculum et laissé en place pendant vingt-quatre heures; il sera renouvelé chaque jour.

IV. — Les poudres astringentes sont vraiment très efficaces. Voici celles que je préfère :

Tannin	} āā 3 grammes.
Iodoforme	}
Lycopode	30 —

V. — Lorsque les malades ne peuvent supporter l'odeur très désagréable de l'iodoforme, j'emploie :

Tannin	}
Oxyde de zinc	} āā 3 grammes.
Salol	}
Lycopode	30 —

Ces poudres peuvent être insufflées avec une poire ou placées sur un tampon d'ouate.

Dans certains cas, je conseille d'en appliquer avec la spatule une assez grande quantité (5 ou 10 grammes) sur le col même, en maintenant en place avec un tampon d'ouate sèche. Ces applications pulvérulentes peuvent être renouvelées chaque jour; mais il faut avoir bien soin de débarrasser le vagin des poudres anciennes, à l'aide d'une bonne irrigation, chaque fois qu'on renouvelle le pansement.

2° *Application des pessaires.*

La plupart des prolapsus utérins ou vaginaux peuvent être contenus par des pessaires. Je considère leur emploi comme très utile après la médication préalable que je viens d'indiquer.

Les seuls pessaires qui conviennent sont ceux de Dumontpallier ou de Hodge.

VI. — Le pessaire de Dumontpallier, simple anneau de caoutchouc, présente l'immense avantage d'être facile à placer et à retirer. Tout médecin non gynécologue peut l'employer. Son action n'est cependant que temporaire. Il fait souvent disparaître le prolapsus pendant quelques mois; mais l'action élastique du caoutchouc finit par augmenter la distension des parois vaginales, au lieu de favoriser leur retrait. Au bout de quelque temps, il devient trop petit et le prolapsus reparaît.

VII. — Il n'en est pas de même du pessaire en fer à cheval fermé, ou pessaire de Hodge, en caoutchouc durci, en aluminium ou en celluloïde. C'est un instrument de contention admirable, lorsqu'il est bien placé et bien adapté. Il ne distend pas le vagin, permet le coït et doit toujours être préféré lorsque cela est possible. Il peut être conservé pendant des années sans inconvénients, à la condition de prendre les soins de propreté nécessaires.

On trouvera dans les traités techniques les instructions pour l'application des pessaires. J'ai voulu simplement indiquer ici les meilleurs appareils de nature à soutenir le prolapsus.

TRAITEMENT DU PRURIT DE LA VULVE

Quoique le prurit de la vulve appartienne, comme symptôme initial, à toutes les variétés de vulvites, la thérapeutique de cette affection doit être l'objet de l'attention du praticien, non seulement parce qu'elle est souvent idiopathique, mais encore parce qu'elle se montre généralement d'une rare persistance.

Rechercher d'abord les causes générales : diabète, grossesse, masturbation, syphilis, etc.

Procéder à un examen local attentif et rechercher les causes locales : leucorrhée, eczéma, végétations, défaut de propreté, etc.

A. — *Médication locale.*

I. — Faire toutes les deux heures une lotion avec la mixture suivante :

Bichlorure de mercure..............	āā 25 centigr.
Chlorhydrate d'ammoniaque........	
Lait d'amande....................	500 grammes.

Faire dissoudre.

II. — En cas d'échec avec cette mixture, employer la solution suivante, qui sera appliquée de préférence le soir. Il faut en imbiber une compresse qui sera maintenue en place le plus longtemps possible :

Hydrate de chloral	5	grammes.
Hydrolat de rose	100	—
Eau distillée	150	—

III. — Contre la démangeaison, le mélange suivant est souvent efficace :

Acétate de plomb	10	grammes.
Acide phénique	5	—
Teinture d'opium	60	—
Eau bouillie	500	—

IV. — Ou :

Chlorhydrate de morphine	50	centigr.
Eau de laurier-cerise	4	grammes.
Borate de soude	10	—
Eau chloroformée	400	—

V. — Pour la journée, l'application des solutions étant parfois difficile, je conseille l'emploi d'une pommade à la cocaïne :

Chlorhydrate de cocaïne	2	grammes.
Axonge	20	—
Essence de rose	Q. s.	

Dont l'action est purement palliative, mais très efficace contre la démangeaison.

VI. — Cette autre formule de pommade agira comme modificatrice des tissus :

Bromure de potassium	2	grammes.
Acide salicylique	50	centigr.
Glycérolé d'amidon	20	grammes.
Calomel à la vapeur	50	centigr.

VII. — Pour maintenir l'action de la pommade, il est bon de la recouvrir avec une poudre; je conseille le mélange suivant :

Oxyde de zinc..................	ãã	5 grammes.
Sous-nitrate de bismuth..........		
Lycopode...........................	10	—

Avoir soin de bien laver les parties à l'eau chaude avant d'appliquer de nouveau la pommade, le séjour des corps gras pouvant déterminer des fermentations et augmenter l'irritation locale.

VIII. — Le prurit atteignant généralement son maximum d'intensité à l'heure du coucher et pendant la nuit, on obtiendra toujours un certain soulagement en appliquant et en maintenant sur la vulve des cataplasmes émollients de farine de lin, de fécule ; il est bon de préparer les cataplasmes avec de l'eau contenant en suspension des principes actifs, tels que l'acide borique et le bichlorure de mercure ; je conseille également d'ajouter quelques gouttes d'acide thymique à l'eau destinée à la préparation des cataplasmes; on évite ainsi la fermentation, et le topique peut être maintenu toute la nuit sans dégager cette odeur nauséabonde dont se plaignent souvent les malades.

Enfin, il est important de recommander de laver la vulve à grande eau (de préférence de l'eau très chaude) chaque fois qu'on applique de nouveau un des topiques qui viennent d'être formulés (solutions, pommades ou cataplasmes). Il sera également utile de faire de fréquentes injections vaginales, afin d'éviter le séjour sur les parties malades des produits de sécrétion provenant du vagin.

IX. — Dans quelques cas rebelles, j'ai obtenu des résultats en faisant des cautérisations au nitrate d'argent sur les parties affectées. Voici la formule :

Nitrate d'argent......................	1 gramme.
Eau distillée........................	10 grammes.

Pour appliquer avec un pinceau. Ne renouveler l'application que lorsque la desquamation produite par le topique a complètement disparu.

B. — *Médication interne.*

Le prurit vulvaire s'observant surtout chez des femmes névropathes, anémiques ou neurasthéniques, il importe d'instituer une médication générale appropriée.

X. — Contre l'insomnie, je donne la préférence aux bromures et j'emploie :

Bromure d'ammonium.......... ...	10 grammes.
Hydrate de chloral.................	5 —
Sirop d'écorce d'oranges amères....	90 —

Une cuillerée à soupe à l'heure du coucher; une seconde cuillerée dans la nuit si la malade se réveille et éprouve des démangeaisons.

XI. — Dans les cas où les bromures déterminent des érythèmes, j'emploie le sulfonal associé à l'antipyrine :

Sulfonal...........................	ãã 50 centigr.
Antipyrine.........................	

Pour un cachet. Un ou deux cachets à l'heure du coucher.

Prurit diabétique.

Il faut toujours penser au diabète lorsque le prurit est persistant et ne s'accompagne pas de lésions locales appréciables.

Après s'être assuré de la présence du sucre dans les urines et ordonné le régime spécifique, on se contentera de simples lotions chaudes boriquées :

Acide borique........................	50 grammes.
Biborate de soude..................	5 —
Eau distillée........................	1 litre.

TRAITEMENT DE LA SALPINGITE, DE L'OVARITE, DE LA PÉRI-OVARITE ET DE LA SALPINGO-OVARITE.

Je réunis dans un même groupe le traitement non chirurgical des affections inflammatoires de l'ovaire, de la trompe et des tissus péri-ovariens, et cela pour plusieurs raisons. La première est qu'il est impossible d'établir un diagnostic différentiel précis pendant la période aiguë entre les affections très diverses qui atteignent les annexes; la seconde est que, même le diagnostic nettement établi, le traitement médical est à peu près identique pour chaque variété.

Il importe cependant de définir aussi nettement que possible les affections qui font l'objet de cet article.

L'ovarite, dont l'existence est incontestable, malgré les négations des néopathologistes, est l'inflammation limitée au parenchyme de l'ovaire. Il faut reconnaître qu'elle est très rare et qu'elle s'accompagne le plus souvent de pelvi-péritonite (péri-ovarite) et de salpingite (salpingo-ovarite).

La péri-ovarite est une variété de pelvi-péritonite

limitée à la partie de la séreuse qui touche l'ovaire.

La salpingite présente une plus grande importance pathologique, non pas comme phlegmasie, mais par suite des modifications que subit l'organe. Il faut envisager, en effet, trois variétés kystiques : tantôt la trompe contient du pus, c'est le *pyo-salpinx ;* tantôt elle contient de la sérosité, c'est l'*hydro-salpinx ;* tantôt elle contient du sang, c'est l'*hémato-salpinx.*

Cette distinction une fois établie, j'aborde la thérapeutique.

Pendant la *période aiguë*, le traitement se confond avec celui de la pelvi-péritonite, que j'ai déjà décrit.

Dans la *période subaiguë et chronique*, j'applique *encore* la révulsion. Je dis *encore* parce que j'appartiens à ces réactionnaires qui croient à l'utilité des révulsifs et des pointes de feu dans le traitement des inflammations et des épanchements de la cavité abdominale.

Lorsque l'empâtement inflammatoire est limité à la région péri-ovarienne et lorsque le palper abdominal révèle encore une douleur assez vive, je conseille l'application de pointes de feu toutes les semaines sur la région empâtée.

Le vésicatoire, dont on a tant usé jadis, mérite encore d'être employé non comme résolutif, mais surtout pour son action révulsive. J'ai, en outre, observé, comme tant d'autres, que le vésicatoire a une action incontestable sur l'élément douleur.

Il y a encore d'autres médications locales qu'il convient d'essayer, quoique leur efficacité soit plutôt démontrée par l'empirisme; telles sont les applications de teinture d'iode, les onctions avec des pommades à base de mercure, les emplâtres de Vigo, les applications de compresses avec des eaux mères de Salins-du-Jura, etc.

La médication vaginale ne sera pas négligée. Outre une asepsie rigoureuse, on conseillera des injections ou plutôt des irrigations vaginales chaudes.

Les ovules médicamenteux à la glycérine trouvent ici leur application. Je donne la préférence aux ovules à la belladone, à l'ichthyol ou à la cocaïne.

Enfin, dans la période chronique *non douloureuse* et lorsque la salpingo-ovarite ne se termine pas par la suppuration, l'indication la plus importante consiste à détruire les adhérences par le massage.

Pour être efficace, le massage doit être *bimanuel* et pratiqué suivant les règles habituelles.

Un ou deux doigts de la main droite seront introduits dans le vagin jusqu'au niveau de la lésion, pendant que la main gauche, appliquée sur l'abdomen, s'efforcera, par des frictions douces et répétées, de détruire les adhérences. Je conseille deux ou trois séances par semaine, suivies d'un repos absolu de quatre ou cinq heures.

Lorsque les adhérences sont très tenaces, il y a parfois avantage à anesthésier la malade et à dégager les organes. C'est là une excellente pratique, qui doit être appliquée avec prudence et seulement lorsqu'il n'existe plus aucune trace de pelvi-péritonite.

Traitement général.

Il ne faut pas oublier le traitement général, surtout dans les affections chroniques des annexes non suppurées survenant chez des malades dont le système nerveux, déjà fort déprimé, ne peut supporter facilement les phases fort longues d'une maladie de l'appareil génital.

Les toniques, les stimulants de l'appareil digestif, les reconstituants seront employés sous toutes leurs formes.

Mais c'est surtout l'hydrothérapie et le traitement hydro-minéral qui exerceront l'action la plus utile.

L'hydrothérapie sera conseillée aussitôt que la malade pourra prendre quelque exercice et coïncidera avec le massage.

Le séjour à la mer ou à la montagne est utile; mais on lui préférera le traitement hydro-minéral. Les eaux les plus indiquées sont les bromurées sodiques (Salins-du-Jura, Kreusknach, Balaruc, etc.); lorsqu'il y a de l'atonie intestinale, je conseille Pougues, Châtel-Guyon ou Brides-les-Bains.

TRAITEMENT DE LA STÉRILITÉ CHEZ LA FEMME

Le traitement de la stérilité ne peut être formulé. Il suffit d'en énumérer les causes pour montrer combien est complexe la thérapeutique d'un état morbide pour lequel le gynécologue est si souvent consulté.

La stérilité de cause féminine reconnaît pour *causes locales:*

L'*ovaire:* inflammation, déplacement, malformation, tumeurs kystiques et autres.

La *trompe:* oblitérations, malformations, tumeurs, pyo-salpinx, adhérence, etc.

L'utérus: atrésie, endométrite.

Le *vagin :* vaginite, acidité des sécrétions, tumeurs obstructives, vaginisme, atrésie, etc.

La *vulve :* persistance de l'hymen, tumeurs, vulvite, eczéma, etc.

Pour causes générales :

Maladies du système nerveux.
Consanguinité.
Chlorose et anémie.
Maigreur et obésité.
Frigidité et infantilisme.

Cette énumération sommaire guide le praticien dans la recherche des causes et dans le traitement. Je ne puis donc indiquer ici que la thérapeutique médicale, le traitement chirurgical étant de nature trop complexe pour être résumé en formules.

Lorsque je suis consulté par une femme stérile dont les causes locales ont déjà été traitées sans succès et dont l'état peut être considéré comme *constitutionnel*, je fais porter mes recherches sur les points suivants :

La stérilité peut-elle être attribuée au mari ? Ectopie testiculaire, orchites, examen des spermatozoïdes.

Est-elle due à l'*infantilisme* et à la *frigidité* ? (Voir *traitement de la frigidité chez la femme*).

Est-elle due à l'*obésité ?* J'ai signalé à diverses reprises l'influence de l'obésité sur la stérilité et sur certaines affections gynécologiques, et j'en ai formulé le traitement (Voir *traitement de l'obésité chez la femme*).

Est-elle due au nervosisme, à la chlorose, à l'anémie ?

Je combats ces causes par les médications appropriées.

Certaines eaux minérales ont la réputation de combattre la stérilité. Quoiqu'il y ait là simplement de l'empirisme, on ne négligera pas la thérapeutique thermale. Il est certain que beaucoup de femmes sont parties stériles pour Luxeuil et ont été fécondées après leur traitement. Marienbad et Brides-les-Bains sont utiles contre l'obésité et pour détruire les adhérences, et les sources ferrugineuses comptent également de nombreux succès (Voir, pour la thérapeutique de la stérilité : *Vaginisme, frigidité, dysménorrhée, métrite aiguë et chronique, ovarite, salpingite*).

TRAITEMENT DES SYPHILIDES VULVAIRES

Je n'aborde pas ici le traitement général de la syphilis chez la femme, qui ne présente, du reste, rien de spécial si ce n'est dans la proportion des doses. En général, les préparations hydrargiriques sont moins bien tolérées par la femme que par l'homme et doivent être réduites d'un tiers.

J'ajouterai que la femme qui présente des plaques muqueuses vulvaires doit être soumise sans interruption au traitement hydrargirique actif. Je ne prescris l'iodure de potassium que plus tard, lors de l'apparition des syphilides et syphilodermies secondaires. Il est, du reste, toujours préférable de donner séparément les iodures et les hydrargires, au lieu de les associer dans une même préparation, dans les cas où le traitement mixte est indiqué.

J'arrive maintenant au traitement local des accidents vulvaires.

A. — *Plaques muqueuses.*

I. — J'insiste sur les soins de propreté, les bains de siège et les grands bains.

J'ajoute aux grands bains :

Bichlorure de mercure............	ãã 15 grammes.
Chlorure d'ammonium............	
Alcoolé d'eucalyptus.............	500 —

Pour un bain d'environ 250 litres dans une baignoire émaillée. Le bain sera prolongé pendant une bonne heure environ.

Lorsque le grand bain n'est pas possible, le remplacer par un bain de siège, auquel on ajoutera deux ou trois cuillerées à soupe de la mixture ci-dessus.

Je conseille cette même mixture appliquée en lotions pendant la nuit ; on obtient ainsi un bain local permanent qui hâte beaucoup la guérison.

II. — Il convient, pendant le jour, d'isoler les parties soit en maintenant en permanence de l'ouate entre les lèvres, soit en saupoudrant les parties malades, après chaque miction, avec une poudre :

Calomel.............................	2 grammes.
Lycopode............................	10 —

III. — Chez certaines malades qui ne peuvent supporter les préparations locales à base d'hydrargire j'emploie pour les lotions l'hydrate de chloral :

Hydrate de chloral.................	10 grammes.
Teinture d'eucalyptus..............	20 —
Eau................................	150 —

Enfin, on touchera les plaques muqueuses vulvaires deux ou trois fois par semaine avec le crayon de nitrate d'argent.

B. — *Syphilides papuleuses.*

IV. — Contre les syphilodermies et papules de la région vulvaire, j'emploie la pommade suivante, qui est très efficace et dont la forme crémeuse rend l'application très agréable :

Axonge benzoïnée................	āā 15 grammes.
Glycérine boriquée..............	
Oxyde de zinc...................	āā 2 —
Précipité blanc.................	

Répéter les applications deux ou trois fois par jour après chaque lavage de la vulve.

V. — On emploie beaucoup à Saint-Lazare le crayon de zinc métallique. On cautérise d'abord les surfaces malades avec une solution de nitrate d'argent à 1/10, puis on applique immédiatement le crayon. C'est là plutôt une méthode d'hôpital; les applications du crayon de zinc tannent la peau et la muqueuse, et laissent une empreinte brunâtre qui persiste assez longtemps.

VI. — Les ulcères syphilitiques rebelles de la vulve doivent être traités plus énergiquement; j'emploie soit le nitrate acide de mercure, soit l'acide chromique, soit le chlorure de zinc.

VII. — Le nitrate acide est un moyen très efficace de détruire les syphilides; il est douloureux, mais on peut aujourd'hui atténuer cet inconvénient, grâce à la cocaïne.

Je badigeonne d'abord les parties malades avec une solution de cocaïne à 1/10, puis j'applique le nitrate acide sur les syphilides seulement avec un petit pinceau, en ayant soin de ne pas toucher les parties saines. Je recouvre le tout d'ouate boriquée.

VIII. — Les applications d'acide chromique, n'étant pas douloureuses, peuvent être faites sans cocaïne. J'emploie le mélange suivant :

Acide chromique..................	āā 5 grammes.
Eau............................	

Pour appliquer sur les syphilides avec un pinceau.

Enfin, le chlorure de zinc m'a toujours donné de bons résultats dans les syphilides ulcéreuses et m'a semblé provoquer moins de douleurs que le nitrate acide de mercure. Je crois utile cependant de faire précéder son emploi d'un bon badigeonnage à la cocaïne (solution à 1/10).

IX. — Je rappelle que la solution saturée de chlorure de zinc peut être ainsi formulée :

Chlorure de zinc......................	30 grammes.
Eau..................................	10 —

La solution s'applique avec un pinceau sur les syphilides; on peut répéter l'application au bout d'une semaine, si l'accident n'a pas disparu.

Considérations générales. — Si le traitement général

de la syphilis peut être confié aux malades, il n'en est pas de même des accidents locaux et plus particulièrement des plaques muqueuses vulvaires.

Les femmes sont, en général, très maladroites lorsqu'il s'agit d'appliquer des topiques sur la vulve. Le traitement, pour être efficace, doit donc être appliqué par le médecin, qui devra procéder à un examen tous les deux jours et même plus souvent, et faire lui-même les cautérisations nécessaires. C'est là un point capital.

En général, les accidents muqueux de la vulve guérissent très rapidement lorsqu'ils sont soumis à un traitement local actif; mais la femme qui est en puissance de syphilis devra faire visiter fréquemment ses organes génitaux, alors même qu'elle n'y découvrirait elle-même aucune lésion. Cette recommandation acquiert une importance capitale si la malade est exposée à avoir des rapports sexuels.

TRAITEMENT DES ULCÉRATIONS, ÉROSIONS ET LACÉRATIONS DU COL

Reconnaissant presque toujours la même étiologie — l'accouchement — les lésions du col peuvent être divisées, au point de vue de leur triatement, en trois variétés :

La simple érosion, caractérisée par une sorte de desquamation de la muqueuse;

L'ulcération, caractérisée par une véritable plaie avec perte de substance plus ou mois étendue ;

La lacération, déchirure ulcéreuse modifiant profondément la forme et l'aspect du col.

Voici comment je résume le traitement local de chacune de ces lésions.

A. — *Érosion du col.*

Elle s'accompagne le plus souvent d'une rougeur des téguments et d'une hypertrophie totale du col.

I. — C'est dans ces cas qu'il convient d'appliquer des

toniques modifiant légèrement les surfaces malades, tels que la teinture d'iode et les solutions de nitrate d'argent à 1/30 :

Teinture d'iode......................	20 grammes.
Chlorhydrate de morphine...........	1 gramme.

Pour appliquer sur le col avec un pinceau ; tamponner ensuite avec de l'ouate. Répéter les applications tous les deux jours.

II. — Les tampons imbibés de glycérine, si populaires dans la thérapeutique utérine, trouvent ici leur application. J'associe ordinairement un substitutif quelconque à la glycérine :

Glycérine...........................	100 grammes.
Sulfate de zinc......................	2 —
Essence de Wintergreen.............	X gouttes.

III. — Enfin, lorsque le col est volumineux, rouge et tuméfié, je conseille l'ignipuncture.

Cette petite opération, qui consiste à introduire deux ou trois pointes de feu à 1 centimètre de profondeur sur chacune des lèvres du col, rentre tout à fait dans la pratique courante. Il est bon de rappeler au praticien que le tissu utérin *n'est nullement douloureux* et que l'application du thermocautère sur le col ne provoquera aucune sensation désagréable. Il est bon d'employer un spéculum de Fergusson, pour ne pas s'exposer à brûler les parois vaginales. L'ignipuncture sera suivie d'une bonne injection froide et d'un tamponnement à la gaze iodoformée.

Les petites plaies résultant de la chute des eschares seront traitées comme ci-dessus (I et II).

B. — *Ulcérations du col.*

I. — Lorsqu'elles sont peu étendues, elles cèdent généralement à des attouchements avec le crayon de nitrate d'argent, suivis de l'application d'un tampon d'ouate boriquée. C'est le traitement classique.

II. — Si la plaie est étendue et ancienne, s'il existe en même temps de l'endométrite et de la leucorrhée, les attouchements au nitrate d'argent sont insuffisants et demandent, pour effectuer la guérison, un trop grand nombre de pansements pour que les femmes s'y soumettent. J'ai, dans ces cas, recours à des substitutifs que j'applique directement sur le col sous forme de poudres :

Iodoforme.....................	40	grammes.
Acide salicylique...............	ãã 10	—
Sous-nitrate de bismuth.........		
Camphre......................	5	—

Le camphre masque assez bien l'odeur de l'iodoforme. Cette poudre est une des meilleures qu'on puisse appliquer sur les ulcérations du col. Mais il faut la mettre avec le spéculum et autant que possible ne l'appliquer que sur les parties ulcérées. On se servira pour cela d'un petit insufflateur. On maintient la poudre en place à l'aide d'un tampon d'ouate.

III. — J'enlève le pansement au bout de vingt-quatre heures, j'applique le spéculum et je dirige sur le col même une injection ainsi préparée :

Acide salicylique	4	grammes.
Alcoolat de lavande	30	—
Eau	450	—

Deux cuillerées à soupe par litre d'eau.

Lorsque les femmes veulent se soumettre à ce traitement, qui demande un pansement quotidien, les ulcérations du col guérissent rapidement, même lorsqu'elles sont étendues et profondes.

IV. — J'ai encore employé avec succès, surtout dans les cas où les ulcérations sont accompagnées d'un écoulement très abondant et dont on suspecte la nature blennorrhagique, la fuschine et le permanganate de potasse.

Après avoir bien lavé la surface ulcérée (le spéculum étant en place) avec de l'eau chaude, je touche la plaie avec un bourdonnet d'ouate, imbibé de la mixture :

Fuschine	10	grammes.
Eau	ãã 50	—
Alcool		

J'applique ensuite un tamponnement avec de l'ouate ou de la gaze iodoformée. Je préfère cette dernière substance, qui permet de n'enlever le pansement qu'au bout de quarante-huit heures, ce qui est préférable.

V. — Je conseille le permanganate de potasse en injections, malgré l'inconvénient qu'il a de tacher le linge chaque fois que l'écoulement est abondant et fétide. Pour le vagin, il faut employer des injections à 1/5000.

C. — *Lacération du col.*

La lacération du col est une lésion qui a été jugée assez sérieuse pour motiver une opération chirurgicale qui est, à mon avis, une des plus justifiées de la thérapeutique utérine.

La plaie béante qui ouvre l'utérus favorise, en effet, la résorption par l'utérus et même par les annexes de tous les germes morbides déposés dans le vagin. C'est une porte ouverte à la salpyngite et au pyo-salpynx. De plus, elle s'oppose à la conception, prédispose aux fausses couches et entretient une douleur et une suppuration constantes de la région.

I. — Le véritable et rapide traitement de la lacération est la trachélorrhaphie, ou opération d'Emmet, qui consiste à exciser les tissus malades sur chacune des lèvres et à les réunir ensuite par des sutures. C'est une excellente opération, que j'ai été un des premiers à faire connaître en France après Emmet.

Mais toutes les femmes ne consentent pas à se laisser opérer, et le praticien n'est pas toujours placé dans des conditions et dans un milieu où cette opération peut être pratiquée. Il y a donc lieu de formuler un traitement non opératoire des lacérations du col. Ce traitement peut toujours amener la cicatrisation de la plaie, s'il ne fait pas cesser l'ectropion des lèvres, et, de toutes façons, il constitue toujours une excellente préparation à la trachélorrhaphie, si celle-ci ne peut être évitée.

II. — Lorsque la lacération est très étendue et que

l'orifice du col est largement ouvert, j'applique chaque jour dans *la cavité du col* un crayon ainsi préparé :

Aristol	5 grammes.
Gomme arabique pulvérisée	40 —

Pour faire dix crayons semblables, mesurant chacun 5 centimètres de longueur.

III. — Une fois le crayon introduit, je le maintiens en place à l'aide d'un tampon d'ouate, enduit avec une pommade ainsi composée :

Aristol	āā 5 grammes.
Axonge	
Lanoline	30 —

J'enlève le pansement au bout de vingt-quatre heures et je dirige sur le col, pendant que le spéculum est en place, de façon à bien déterger les parties malades, l'injection à l'acide salicylique que j'ai formulée plus haut (Voir *Ulcérations du col*, II).

IV. — On peut substituer à l'acide salicylique, qui détermine parfois une légère cuisson sur les parois vaginales, une injection moins active. Voici une bonne formule à la fois antiseptique et détersive :

Naphtol	āā 5 grammes.
Salol	
Chloral	
Alcool	250 —

De deux à quatre cuillerées à soupe par litre pour injections vaginales.

TRAITEMENT DU VAGINISME

Je veux parler de la thérapeutique non opératoire, de celle que doit employer tout médecin avant d'appliquer le traitement chirurgical proposé, pour la première fois, par Sims (1865), puis par moi (1874).

On ne peut instituer une bonne médication sans avoir procédé à l'examen local et s'être assuré de la cause qui occasionne ou entretient le vaginisme : végétations, eczéma, vulvite, fissures, persistance de la membrane hymen, etc.

D'une façon générale, on peut formuler ainsi le traitement du vaginisme :

I. — Comme les femmes atteintes de cette affection sont presque toujours novices et peu expérimentées dans les détails de l'hygiène sexuelle, ordonner d'abord de copieuses injections, répétées trois ou quatre fois par jour, avec un agent aseptique, non irritant, tel que l'acide borique ou le bicarbonate de soude. Je prescris souvent :

Chlorate de potasse.............	} ãã 15 grammes.
Laudanum de Sydenham.........	}
Eau de goudron....................	200 —

Deux cuillerées à soupe par litre.

Il est essentiel de s'assurer si les injections sont bien faites, si la canule est introduite assez profondément dans le vagin, etc. On ne saurait se figurer le degré d'ignorance de certaines jeunes mariées en matière de toilette sexuelle. Je recommande également l'emploi de canules en verre, *pourvues d'un seul trou :* le jet ainsi projeté est plus vigoureux et produit une plus grande distension du vagin.

I. — Introduire chaque soir dans le vagin une bougie ainsi composée :

Beurre de cacao........................	8 grammes.
Chlorhydrate de cocaïne...........	25 centigr.
Extrait de belladone................	15 —
Bromure de strontium..	25 —

Pour un suppositoire en forme de bougie, de 6 centimètres de longueur.

Lorsqu'il existe un écoulement leucorrhéique très prononcé ou une vaginite traumatique, je prescris :

Beurre de cacao........................	8 grammes.
Iodoforme................................	1 gramme.
Extrait de belladone................	50 centigr.

Pour une bougie cylindrique.

III. — Badigeonner fréquemment la vulve et l'entrée

du vagin avec un pinceau imbibé de la solution suivante :

Chlorhydrate de cocaïne..........	2 grammes.
Eau distillée....................	20 —

Je recommande surtout cette application au moment où les tentatives de coït devront être effectuées. A ce moment aussi je conseille de lubrifier les parties génitales (des deux sexes) avec une préparation appropriée. Voici une excellente formule pour cet usage :

Huile d'amande douce..............	30 grammes.
Cire blanche......................	5 —
Glycérine.........................	4 —
Baume de la Mecque................	50 centigr.
Essence de bergamote..............	II gouttes.

IV — Les bains émollients et prolongés sont très utiles. J'ai réussi, dans certains cas, à vaincre la résistance de la membrane hymen en conseillant l'introduction dans le bain de spéculums spéciaux dont on augmentait graduellement le volume. On trouve dans le commerce des spéculums à bains, perforés, dont une des extrémités est arrondie. Les femmes s'habituent peu à peu à l'introduction d'un corps étranger assez volumineux pour distendre l'orifice vulvaire et émousser la sensibilité.

V. — Ce traitement est suffisant, dans la grande majorité des cas, pour guérir le vaginisme, surtout celui qui n'est dû à aucune lésion des organes.

Il existe cependant quelques cas rebelles. Dans deux cas où les femmes hésitaient à se soumettre à un traitement chirurgical, j'ai pu faciliter la grossesse, non pas en anesthésiant la femme, comme l'a fait Sims pour permettre le coït, mais en faisant une injection hypodermique de 1 centigramme de chlorhydrate de morphine avant le rapprochement sexuel. La morphine possède des propriétés sédatives qui se manifestent plus spécialement sur l'appareil génital. J'ai pu ainsi rendre le coït possible; comme un seul rapprochement complet suffit souvent pour produire la conception, on arrive ainsi à la guérison du vaginisme par la grossesse et l'accouchement.

Le traitement chirurgical du vaginisme est cependant nécessaire dans certains cas et consiste soit dans la dilatation forcée, soit dans la section du sphincter pendant l'anesthésie.

TRAITEMENT DE LA VAGINITE

Le traitement de la vaginite diffère peu, selon que l'affection est simple ou spécifique. Le praticien doit surtout considérer au point de vue thérapeutique la *vaginite* aiguë et la vaginite chronique.

A. — *Période aiguë.*

Ne pas pratiquer l'examen au spéculum.

I. — Repos aussi complet que possible, interdire la marche, le coït et tous les exercices physiques. Injections fréquemment répétées (toutes les six heures) avec la douche d'Esmarch (2 litres de liquide), avec une solution boriquée faible (10 grammes par litre). On peut également employer les injections émollientes : amidon, graine de lin, guimauve, décoction de pavots, etc.

II. — Si la douleur est très intense, appliquer chaque soir un des suppositoires suivants :

Beurre de cacao....................	4 grammes.
Extrait thébaïque......	1 centigr.

Pour un suppositoire.

Ce suppositoire peut être remplacé par un quart de lavement additionné de 15 gouttes de laudanum.

III. — Contre les symptômes vésicaux (ténesme, douleur pendant la miction), on prescrira des cataplasmes laudanisés, du bromure de potassium, des boissons émollientes et des diurétiques alcalins. Il est bon, dans ces cas, de supprimer le vin, qui sera remplacé au repas par du thé léger.

B. — *Période chronique.*

IV. — Injection, trois fois par jour, avec les solutions suivantes :

V. Acide phénique....................	5 grammes.
Alcool............................	10 —
Essence de thym....................	XX gouttes.

Pour 2 litres d'eau.

Bichlorure de mercure..............	25 centigr.
Acide tartrique...............	1 gramme.

Pour 2 litres d'eau.

VI. Permanganate de potasse.........	10 grammes.
Eau..........................	200 —

Une cuillerée à soupe pour 2 litres d'eau.

Le permanganate de potasse est le meilleur médicament à opposer à la vaginite blennorrhagique.

S'il n'avait pas l'inconvénient de tacher le linge, ce médicament serait parfait.

VII. — Dans les cas rebelles ou lorsqu'il y a nécessité d'agir rapidement, introduire le spéculum de Sims et badigeonner la muqueuse vaginale avec une solution de nitrate d'argent (2 grammes pour 30 grammes d'eau). Avant de retirer le spéculum, laisser dans le vagin un fort tampon d'ouate, saturé de la mixture suivante :

Glycérine...........................	120 grammes.
Acide tannique......................	2 —
Chlorhydrate de morphine...........	10 centigr.

Ce tampon sera maintenu en place pendant quarante-huit heures.

Quel que soit le traitement appliqué à la vaginite chronique, on avancera toujours la guérison en appliquant dans le vagin des pansements qui isoleront les parties malades et absorberont les sécrétions. De simples tampons d'ouate sèche peuvent déjà être utiles, mais on leur préférera des tampons de gaze iodoformée ou salolée.

TRAITEMENT DES VÉGÉTATIONS VULVAIRES

Au point de vue du traitement, on doit diviser les végétations en deux catégories :

1° Celles qui sont petites, sessiles, non pédiculées, étalées en plaques;

2° Celles qui, par leur volume et leur étendue, sont justiciables d'un traitement chirurgical.

Quels que soient du reste le volume et la forme des végétations, elles sont développées et entretenues par des liquides morbides provenant de l'urèthre, du vagin ou de l'anus, et plus particulièrement par le pus blennorrhagique. Il y a donc lieu tout d'abord de traiter la vaginite et toutes les affections des organes génitaux donnant lieu à des sécrétions.

Voici maintenant le traitement local des végétations proprement dites.

A. — *Végétations de petit volume.*

Elles sont toujours modifiées et leur développement

enrayé par les poudres dessiccantes et astringentes. La formule suivante, qui remonte, je crois, à Ambroise Paré, est encore une des meilleures. Je l'ai modifiée en y ajoutant un peu de sublimé :

I.	Poudre de sabine................ Alun calciné.....................	ãã 5 grammes.
	Sublimé..........................	20 centigr.

II. — Les poudres sont plus actives si l'on ajoute à la sabine un agent caustique, tel que l'acide salicylique :

Poudre de sabine................ Iodoforme....................... Acide salicylique...............	ãã 4 grammes.

Pour être efficaces, les poudres doivent être appliquées trois ou quatre fois par jour. Les parties seront d'abord bien lavées avec la liqueur de Van Swieten, puis bien séchées avec du coton hydrophile. Il est utile de prendre chaque jour un bain prolongé, qui aide à détacher les parties atteintes par l'agent modificateur.

III. — Les agents caustiques liquides donnent de meilleurs résultats, mais leur emploi est plus douloureux. L'acide chromique, l'acide salicylique et l'acide phénique sont les plus employés. Voici les formules :

Acide chromique....................	5 grammes.
Eau................................	25 —

Ou :

IV.	Acide salicylique..................	5 grammes.
	Acide acétique.....................	15 —

Ou :

V. Acide phénique........................	5 grammes.
Alcool....................................	Q. s.

Pour rendre l'acide phénique délisquescent.

J'applique ces diverses substances soit avec un petit bourdonnet d'ouate, suspendu au bout d'une pince à forcipressure, soit avec une tige de bois effilée. Pour l'acide chromique, il est préférable d'employer une aiguille à tricoter. Je recouvre ensuite la partie cautérisée avec de l'ouate sèche. Les applications sont répétées tous les deux jours et la malade doit prendre un bain dans l'intervalle.

VI. — Le *raclage* et l'*excision* conviennent lorsque les végétations sont petites, pédiculées et se détachent en somme facilement. Ces procédés sont douloureux, mais la douleur peut être très atténuée en faisant précéder l'opération par une pulvérisation d'éther ou de chlorure de méthyle.

Je me sers, pour le raclage, d'une curette tranchante gynécologique. La petite hémorrhagie qui suit n'est pas à redouter. J'applique ensuite une plaque d'amadou, saupoudrée d'iodoforme.

L'excision avec les ciseaux est plus douloureuse que le raclage et donne une hémorrhagie plus abondante. Ce n'en est pas moins une excellente méthode de traitement, à la condition d'anesthésier préalablement la région. Elle est préférable dans les cas où les petites tumeurs sont sessiles et n'ont pas de pédicule.

Reste l'*hémorrhagie*. Je me suis bien trouvé du procédé

indiqué par Mauriac et qui consiste à rapprocher les bords de la plaie à l'aide de serres-fines qu'on ne laisse en place que pendant quelques heures. Je saupoudre ensuite avec de l'iodoforme ou du salol.

B. — *Végétations volumineuses.*

Quel que soit le volume des végétations, leur traitement, quoique plus opératoire, est encore à la portée du praticien non spécialisé dans l'art chirurgical.

On peut encore, pour les papillomes volumineux, appliquer, tant comme traitement préparatoire que pour empêcher leur développement, les poudres astringentes et dessiccantes que j'ai formulées plus haut; mais on ne peut espérer obtenir la guérison par des procédés aussi simples.

Le grattage est lui-même insuffisant, il faut donc pratiquer l'ablation. Pour cela, on peut avoir recours à l'excision, à la ligature, au thermocautère.

Je viens déjà de parler de l'excision pour les petites végétations. Lorsque la tumeur papillaire est volumineuse, on peut encore y avoir recours si elle est pédiculée. Voici comment je procède: je saisis la végétation avec une pince et je dirige sur tout le pourtour du pédicule un jet de chlorure d'éthyle.

Lorsque l'anesthésie locale me paraît suffisante, je pratique la section avec de forts ciseaux courbes. J'applique deux ou trois serres-fines pour réunir les bords de la plaie. On peut remplacer les serres-fines par des points de suture au catgut ou à la soie.

La *ligature* peut être appliquée avec succès. Lorsque le pédicule est très petit, on peut étreindre la base de la tumeur avec un fil de soie très serré; celle-ci tombe d'elle-même au bout de quelques jours. Si la chute se fait trop attendre, on peut appliquer un second fil au bout de quelques jours. Lorsque le pédicule est très large, je conseille d'appliquer une ligature préventive avant de pratiquer l'ablation par les autres procédés.

Le *thermocautère* ou le galvano-cautère doivent être réservés pour les tumeurs papillaires volumineuses et largement pédiculées.

Mais, dans ce cas, il convient de pratiquer l'anesthésie générale, afin de tout terminer en une seule séance. L'hémorrhagie consécutive n'est pas à redouter si l'on a soin :

1° De procéder, au préalable, à une ligature élastique préventive;

2° De sectionner très lentement la base de la tumeur avec le cautère chauffé au rouge sombre.

En somme, la section ignée constitue le meilleur mode de destruction des végétations; il est à la fois le plus radical et celui qui met le mieux à l'abri des récidives. Il ne présente qu'un inconvénient : celui d'être trop douloureux pour être appliqué sans anesthésie.

Médication interne. — J'ai déjà dit que je considère les végétations comme une affection purement locale résultant d'une hyperproduction dermique sous l'influence des liquides nocifs qui baignent la zone génitale et plus particulièrement par le pus blennorrhagique. Cependant, on observe des végétations : 1° chez des jeunes filles et des femmes absolument indemnes de toute affection vénérienne ; 2° chez des diabétiques. En outre, les tumeurs papillaires, lorsqu'elles sont ulcérées et volumineuses, peuvent donner lieu à des symptômes généraux qu'il convient de combattre.

La teinture de thuya, préconisée par Constantin Paul, a donné quelques résultats. Voici comment je formule le traitement interne :

Teinture de thuya occidentalis.......	10	grammes.
Élixir de pepsine....................	190	—

Une cuillerée à café avant chaque repas.

Boire aux repas des eaux alcalines, mélangées au vin : Vals, Vichy, etc.

TRAITEMENT DES VOMISSEMENTS D'ORIGINE UTÉRINE

Tous les gynécologues savent que chaque fois que l'utérus subit des modifications de volume ou de structure, dues soit à la grossesse, soit à la phlegmasie, soit à des néoplasmes, il se produit un état nauséeux, puis des vomissements pouvant devenir assez graves pour déterminer la cachexie.

I. — Le meilleur médicament à opposer aux vomissements est la cocaïne, qui agit à la fois sur les centres nerveux et sur la terminaison des nerfs sensibles de la région du cardia.

Voici la formule que j'emploie habituellement :

Chlorhydrate de cocaïne................	10 centigr.
Antipyrine...........................	1 gramme.
Eau distillée........................	100 grammes.

Par cuillerée à café toutes les demi-heures jusqu'à cessation des vomissements.

II. — Lorsque l'estomac ne peut tolérer même une petite quantité de liquide, j'ai recours à une préparation plus concentrée :

Chlorhydrate de cocaïne....	50 centigr.
Eau distillée...	50 grammes.

Prendre d'abord dix gouttes de cette solution; renouveler la dose au bout d'une heure, puis au bout de trois heures, s'il n'y a pas de résultat. Donner ensuite une dose de trois ou quatre gouttes avant les repas.

III. — Je me suis bien trouvé des applications locales de cocaïne sur le col dans la grossesse ou lorsque les vomissements étaient dus à une métrite aiguë. J'applique sur le col un tampon imprégné de la pommade suivante :

Chlorhydrate de cocaïne..............	1 gramme.
Extrait de belladone..................	25 centigr.
Vaseline.............................	10 grammes.

Il est, du reste, un fait d'observation, non expliqué, à savoir : que les applications locales faites sur le col font souvent cesser les vomissements de la grossesse. On connaît la méthode de Copeman, qui consiste à dilater l'orifice du col avec le doigt dans les vomissements graves. Ce procédé fait souvent cesser les vomissements sans provoquer l'avortement.

IV. — J'ai obtenu plusieurs succès en appliquant le procédé indiqué par Routh, et qui consiste à découvrir le col avec le spéculum et à le badigeonner avec de la teinture d'iode.

Tous ces procédés doivent être appliqués dans les cas graves.

V. — Dans les vomissements d'intensité moyenne et dans la nausée utérine, j'ai employé avec succès l'iodoforme associé à la teinture d'iode :

Teinture d'iode....................	ãã 10 grammes.
Chloroforme......................	

Cinq gouttes matin et soir, au moment des repas, dans un peu d'eau ou d'eau de Seltz.

VI. — Enfin, on aura recours à la médication applicable aux vomissements ordinaires de cause non utérine, et on surveillera l'alimentation qui devra être pratiquée par le rectum chaque fois que l'estomac ne pourra retenir les aliments.

Dans un cas récent, j'ai pu soutenir les forces vitales en injectant par la voie hypodermique la formule de Crocq :

Phosphate de soude..................	1 gramme.
Eau distillée........................	10 grammes.

Une seringue de Pravaz matin et soir.

TRAITEMENT DE LA VULVITE DES PETITES FILLES

Cette affection est trop fréquente et donne lieu à trop de controverses pour que je n'en formule pas ici le traitement.

Lorsque la vulvite se déclare chez une petite fille de la classe ouvrière, la mère ne manque pas d'accuser un homme quelconque de l'avoir contagionnée. De nombreuses instructions criminelles, suivies d'arrestations et d'expertises médicales, ont lieu chaque jour dans nos grandes villes, de nombreuses tentatives de chantage ont été étayées sur la simple apparition à la vulve d'une enfant d'un écoulement leucorrhéique.

Je ne partage pas l'engouement de beaucoup de mes collègues sur l'importance des découvertes microbiennes. Je crois surtout que ces découvertes n'ont pas fait faire de grands progrès à la thérapeutique. Cette assertion me paraît surtout démontrée en ce qui concerne le microbe de la blennorrhagie. J'ai recueilli du pus de la vulve des petites filles et j'y ai constaté tantôt la présence, tantôt l'absence du microbe de Neisser. Au point de vue du traitement, la présence ou l'absence de l'élément microbien n'a fourni aucune indication utile. Il en a été de même en médecine légale.

Quoi qu'il en soit, la vulvite des petites filles est une affection fréquente qui m'a paru coïncider le plus souvent avec le lymphatisme et la scrofule, et qui cède généralement assez rapidement au traitement que je vais formuler.

Traitement local.

Il est parfois difficile à instituer, étant donné le jeune âge des enfants et la répugnance des parents pour appliquer des topiques sur les organes génitaux. Il faut insister. A ce prix seul est obtenue une guérison rapide.

I. — Pendant la première période, lorsque les parties sont rouges et tuméfiées, je prescris les bains de siège amidonnés et des lotions émollientes avec des compresses imbibées de solution boriquée à 4 p. 100. On peut remplacer l'acide borique par le sublimé (solution à 1/10000) ou l'acide phénique (1/100).

II. — Une fois la période inflammatoire dissipée, il faut, après un lavage préalable à l'acide borique, bien sécher les parties avec de l'ouate hydrophile et insuffler entre les lèvres la poudre suivante :

Iodoforme........................	4 grammes.
Tannin...........................	1 gramme.
Sous-nitrate de bismuth...........	6 grammes.

Appliquer ensuite un petit bourdonnet d'ouate entre les lèvres, puis un paquet d'ouate qu'on maintient sur la vulve à l'aide d'un petit bandage en T. Renouveler le traitement après chaque miction.

III. — Lorsque l'inflammation semble s'étendre au vagin, ce qui est souvent le cas chez les petites filles à partir de l'âge de quatre ou cinq ans, j'injecte dans le vagin, à l'aide d'une petite poire à lavements, environ 30 grammes de la mixture suivante :

Glycérine		100 grammes.
Alun	} ãã	1 gramme.
Chlorhydrate de cocaïne		

L'injection sera répétée après chaque miction et suivie de l'insufflation d'iodoforme comme ci-dessus (II).

IV. — On peut remplacer l'injection par l'introduction dans le vagin d'un petit suppositoire :

Iodoforme		8 grammes
Gomme adragante	} ãã 10	—
Beurre de cacao		

pour faire 15 petites bougies filiformes n'ayant pas plus de 5 millimètres de diamètre.

V. — Enfin, le traitement général présente la plus grande importance dans la vulvite des petites filles. Les enfants seront tonifiées, envoyées à la campagne, à la mer ou dans les stations sulfureuses. L'huile de foie de morue, l'iodure de fer, les phosphates sont particulièrement indiqués dans une affection qui, à mon avis, dépend plus de l'état général que des causes locales.

CONSIDÉRATIONS PRATIQUES

SUR

L'EXAMEN GYNÉCOLOGIQUE

Les ouvrages classiques contiennent des détails précis et techniques sur les procédés qu'il convient d'employer pour l'exploration et le traitement des organes génitaux de la femme ; ils contiennent, en outre, un nombre considérable de planches décrivant l'arsenal, peut-être trop encombrant, dont doit être armé le praticien qui s'adonne plus particulièrement à la gynécologie.

J'ai pensé qu'à côté de ces descriptions techniques on pouvait encore donner quelques conseils aux jeunes médecins qui débutent dans la pratique si difficile des maladies des femmes. A côté de la science théorique et précise, il y a la pratique, le savoir-faire, la méthode, qui aident beaucoup au succès. La solide instruction acquise à l'école et à l'hôpital demande à être complétée par la pratique de la ville, qui a d'autres exigences, d'autres *desiderata*. Entre l'examen pratiqué dans une clinique ou une salle hospitalière et le discret interrogatoire que subit la femme du monde dans le cabinet urbain, il y a un abîme; tous mes confrères le savent, jeunes ou vieux, mais tous n'ont pas encore acquis l'assurance que donne une longue expérience.

Au risque d'être banal et de répéter ce qui a déjà été écrit ailleurs, je vais reprendre point par point l'examen gynécologique en me plaçant sur le terrain pratique et philosophique et en insistant sur quelques détails qui me paraissent avoir été négligés par mes prédécesseurs. Je pars de ce principe qu'il n'y a pas, en gynécologie, de détail qui n'ait son importance et que les considérations en apparence les plus insignifiantes peuvent avoir une influence réelle sur le succès du médecin qui débute dans la pratique de la ville.

L'examen gynécologique doit-il toujours avoir lieu en présence d'un tiers.

Il est d'usage, dans les traités classiques, de recommander aux médecins de ne procéder à l'examen gynécologique qu'en présence d'une tierce personne. Le conseil est bon, assurément; mais il n'est pas toujours d'une application pratique, et je pense qu'il y a lieu souvent de déroger à cette règle.

Sans doute, le médecin s'expose, surtout dans les campagnes et les petites villes, à voir sa moralité suspectée s'il s'enferme dans son cabinet avec une jeune femme; il s'expose même à des accusations plus graves et il s'est rencontré des messalines ou des hystériques capables d'inventer les plus horribles machinations. De prétendus attentats à la pudeur ont été pris au sérieux par le parquet sur la simple accusation de femmes plus ou moins débauchées que le médecin avait eu l'imprudence de recevoir sans témoins. Bien plus, on a accusé le praticien de s'être livré à des manœuvres abortives, alors qu'il s'était borné à appliquer les méthodes d'exploration et de traitement les plus régulières.

Mais ce sont là des risques plus graves, dont je parlerai en traitant de l'emploi de l'hystéromètre.

Malgré tous ces inconvénients, j'estime qu'on ne peut ériger comme règle absolue la nécessité de la présence d'un tiers pour les examens gynécologiques. Beaucoup de femmes aiment mieux être examinées sans témoins ; d'autres, chez lesquelles il est nécessaire de pratiquer des pansements fréquents, sont dans l'impossibilité d'amener avec elles un mari, une parente ou une amie. En somme, on peut dire que, dans les grandes villes, les spécialistes reçoivent et traitent dans leur cabinet un grand nombre de femmes sans l'assistance d'aucun témoin.

A l'étranger et plus particulièrement en Amérique, les gynécologues en renom ont toujours dans une pièce annexée à leur cabinet une femme expérimentée, une *assistante*, qui prépare les instruments, met la femme en posture et constitue pour le médecin une aide des plus utiles. Cette pratique est pour ainsi dire passée dans les mœurs médicales américaines, où le spéculum de Sims est d'un usage presque général. On sait, en effet, que cet instrument ne peut être employé sans l'assistance d'un aide qui le maintient en place.

Mais, en France, il en est tout autrement et l'examen gynécologique y est souvent pratiqué sans témoins, et cela sans que le médecin puisse être accusé de manquer au devoir professionnel.

Sans doute, il serait mieux d'agir autrement, et je préfère pour mon compte la présence d'une parente ou du mari, surtout lorsqu'il s'agit d'un premier examen qui doit servir de base au diagnostic et au traitement.

Dans quelques cas, le mari tient à se rendre compte par lui-même et parfois désire jeter un petit coup d'œil au travers du spéculum. Je ne vois aucun inconvénient à satisfaire sa curiosité, qui me paraît fort légitime. Si les intéressés sont convaincus de la nature de la lésion, ils n'en acceptent que plus souvent les mesures proposées pour la combattre, quelle qu'en soit la gravité.

Dans un cas récemment observé chez une femme atteinte de carcinome, je n'avais pu décider la famille à accepter l'opération nécessaire, et ce n'est qu'après avoir vu lui-même la lésion du col par le spéculum que le mari a appuyé de son autorité l'intervention chirurgicale et que l'hystérectomie vaginale a pu être pratiquée dans de bonnes conditions.

Je suis de ceux qui pensent que la gynécologie ne doit pas être mystérieuse, et je fais toujours mon possible pour éclairer les malades sur la nature de leur affection. Chaque fois que la lésion est assez précise, je joins à ma consultation écrite un croquis schématique. Je me suis toujours bien trouvé de cette pratique. Il va sans dire que, lorsqu'il s'agit d'une affection très grave, je m'abstiens d'en faire connaître la nature précise à la malade elle-même, me réservant de le faire par écrit à son médecin ou à ses parents. Encore convient-il, lorsqu'on écrit à la famille de la patiente, de le faire avec beaucoup de réserve, la lettre ayant beaucoup de chances de tomber entre les mains de l'intéressée.

QUESTIONNAIRE ET ÉTUDE APPROFONDIE DES COMMÉMORATIFS

J'ai depuis longtemps l'habitude, pour les malades qui me consultent dans mon cabinet, de prendre des notes et de me servir pour cela d'un questionnaire imprimé à l'avance; non seulement, je suis à l'abri, par ce procédé, de tout oubli, mais je ne m'expose pas à poser à la malade deux fois la même question, ce qui fait toujours très mauvais effet.

Une des grandes difficultés de la consultation dans le cabinet consiste à graver dans sa mémoire non seulement la physionomie de la patiente, mais encore tous les détails relatifs à son cas. Vous voyez une malade une seule fois, puis elle reparaît dans votre cabinet six mois ou un an plus tard. Vous perdez toute sa confiance si vous ne vous souvenez pas d'elle, tandis que vous la conquerrez pour toujours si vous avez encore présent à l'esprit tout ce qui a trait à sa personne et à sa maladie. Il n'est possible de bien satisfaire ses clientes que si l'on a pris des notes, non seulement parce qu'elles gravent mieux les faits dans l'esprit, mais parce qu'on peut y recourir au besoin.

Voici le modèle du *mémento-questionnaire* imprimé que j'emploie :

Madame ....

....

....

demeurant ....

....

....

âgée de ....

....

....

Particularités relatives à la puberté et à l'établissement de la menstruation.

....

....

Particularités relatives à la fonction menstruelle.

....

....

Particularités relatives à la conception, aux grossesses et aux phénomènes puerpéraux physiologiques et normaux.

....

....

Particularités relatives aux phénomènes puerpéraux morbides.

....

....

Particularités relatives à la ménopause et à la cessation de la menstruation.

....

....

Examen local fait le ....

....

....

Position et volume de l'utérus non gravide (déplacement, prolapsus, etc.).

....

....

Position de l'utérus gravide et date probable de la conception.

....

....

État du col.

....

....

Particularités relatives aux annexes.

....

....

Particularités relatives au vagin, à la vessie et au rectum (rectocèle, cystocèle, etc.).

....

....

Particularités relatives à la vulve.

....

....

Résultats fournis par le cathétérisme utérin.

....

....

Recherche spéciale des tumeurs.

....

....

Recherche spéciale des lésions péri-utérines (adhérences, phlegmons, hématocèle, etc.).

....

....

Commémoratifs des opérations et examens pratiqués antérieurement.

....

....

État général et complications étrangères à la gynécologie (état des poumons, du cœur et autres viscères).

....

....

Diagnostic.

....

....

Traitement proposé.

....

....

Date à laquelle on doit revoir la malade.

....

....

On voit qu'il ne s'agit là que d'un simple *mémorandum* qui présente simplement l'avantage :

1° De permettre un examen complet sans omettre aucun organe ;

2° De fixer dans l'esprit chaque lésion et de permettre, par un rapide coup d'œil, de se rémémorer l'histoire pathologique de la malade ;

3° De bien graver dans la mémoire le traitement proposé ;

4° Enfin, de permettre, en parcourant ses notes, de faire une enquête sur la patiente, si elle ne s'est pas présentée de nouveau à la date convenue.

L'interrogatoire d'une femme est toujours chose extrêmement délicate, surtout lorsqu'il s'agit d'éclaircir certains détails absolument nécessaires pour le diagnostic. Telles sont les questions relatives à la contagion de la syphilis, à la date précise de la conception, etc. Dans certains cas de vaginisme, dans le traitement de la stérilité, le médecin doit pénétrer jusque dans les replis les plus intimes de l'alcôve; très habile et très heureux celui qui peut arriver à la connaissance de la vérité sans blesser les susceptibilités des intéressés, surtout lorsque l'interrogatoire a lieu en présence d'un mari méfiant ou d'une belle-mère malveillante.

La recherche des causes de la stérilité est des plus épineuses, parce qu'il est souvent nécessaire d'interroger séparément chacun des conjoints. C'est là le point difficile, surtout lorsqu'on se trouve en présence d'un époux âgé et jaloux comme le sont souvent les maris des femmes stériles.

On conçoit aisément qu'il soit impossible de fixer des règles précises sur la façon dont doit être fait l'interrogatoire dans ces cas spéciaux. Chaque médecin sera guidé par les circonstances et déploiera le tact de l'homme du monde le plus accompli.

Il est seulement un conseil que je me permets de donner à mes jeunes confrères.

C'est d'écouter avec le plus grand sang-froid toutes les confidences qui leur sont faites, quelle qu'en soit l'importance ou la gravité. *Nihil mirari !* telle doit être notre devise. Rien ne doit paraître extraordinaire au gynécologue, quelle que soit la monstruosité qu'il entende pour la première fois ; rien ne doit troubler son phlegme imperturbable.

C'est surtout sur les points relatifs à la contagion des maladies vénériennes que son oreille sera soumise à des épreuves de ce genre. Le médecin doit savoir que, lorsqu'il s'agit de sexualité, tout est possible, même ce qui paraît le plus invraisemblable.

Ordre dans lequel il convient de procéder à l'exploration.

L'ordre dans lequel on doit procéder à l'examen gynécologique n'est pas indifférent, qu'on se place au point de vue purement scientifique ou, plus simplement, au point de vue des convenances de la malade et du médecin.

Lorsqu'une femme se présente chez vous pour la première fois, il faut d'abord conquérir sa confiance, seul moyen de pouvoir ensuite la traiter convenablement et la guérir. Aucun détail qui doit concourir à ce résultat ne sera donc insignifiant.

Après l'interrogatoire qui doit précéder tout examen, le médecin examine d'abord sommairement, par le toucher pratiqué au travers des vêtements, l'état de la paroi abdominale. Quoique cette première exploration ne puisse donner aucun résultat *à priori* sur la sensibilité de l'abdomen, il indique si la malade se prêtera facilement aux explorations ultérieures.

Je pratique ensuite le toucher debout. Ce premier mode d'exploration, complément indispensable de toute exploration, est rarement refusé par la patiente. Si elle le subit sans résistance, on peut dire que la place est conquise et que l'examen complet pourra avoir lieu sans difficulté.

Ce premier pas fait, on placera la malade sur une chaise longue, pour procéder à l'examen de la paroi abdominal, à la palpation, au toucher combiné avec la palpation, à la recherche des tumeurs, des lésions ovariennes, etc.; puis vient l'examen de la paroi abdominale.

Cette deuxième partie de l'exploration terminée, la malade est placée dans la position nécessaire pour l'introduction du spéculum, l'examen de la vulve et l'hystérométrie.

Avant de parler de chacune de ces méthodes, je dirai quelques mots des positions et des meubles spéciaux employés en gynécologie.

POSITION DE LA MALADE. — EST-IL INDISPENSABLE D'AVOIR DES MEUBLES SPÉCIAUX POUR L'EXAMEN ?

La plupart des médecins, même ceux qui ne s'adonnent pas exclusivement à la pratique de la gynécologie, se croient obligés d'orner leur cabinet de meubles spéciaux, le plus souvent assez dispendieux. Ces meubles, auxquels l'ingéniosité des fabricants a donné des formes multiples, sont le plus souvent *à transformation*, c'est-à-dire qu'ils présentent l'aspect d'un fauteuil ou d'une chaise longue ordinaire, pour se métamorphoser, par un mouvement de bascule, en un appareil spécial, destiné à placer et à maintenir la femme dans la position dorsale, le plus souvent employée en France pour l'examen gynécologique.

J'ai depuis longtemps simplifié pour mon usage personnel ces appareils et je conseille à mes confrères qui n'en sont pas encore pourvus d'éviter la dépense qu'entraîne l'emploi de meubles, en général assez coûteux. Une table ordinaire, de forme carrée ou rectangulaire, sur laquelle on place un petit coussin plat et au-dessous de laquelle on peut dissimuler deux petits étriers mobiles, suffit pour l'examen le plus complet, *quelle que soit la position choisie.*

La fixation des étriers métalliques n'est même pas nécessaire, et j'estime qu'on peut procéder à une exploration complète des organes génitaux, et même à des opérations, sur n'importe quelle table et même sur une chaise longue ordinaire, pourvu qu'on ait un bon éclairage.

L'emploi des appareils spéciaux est non seulement encombrant et dispendieux, mais il effraie certaines malades, qui voient avec appréhension les préparatifs de l'examen et les mouvements de bascule imprimés au meuble monumental sur lequel elles doivent être « hissées ».

De plus, le praticien ne peut emporter en ville ces appareils, lorsqu'il n'y a qu'un simple examen à pratiquer. J'ai donc, pour toutes ces raisons, renoncé aux meubles spéciaux, dont l'emploi se trouve dès lors limité aux cliniques ou aux hôpitaux, où ils sont indispensables pour la rapidité des explorations.

J'ai, du reste, simplifié la mise en scène de l'examen à la ville. Pour la position dorsale, je place la malade sur le bord du lit, lorsque celui-ci est bien orienté pour l'éclairage ; lorsque le lit tourne le dos à la lumière, je la place sur une table recouverte d'un ou de deux oreillers ou sur l'extrémité d'une chaise longue.

Beaucoup de confrères ont encore l'habitude, lorsque la malade est en position sur le bord du lit pour l'examen, de placer à droite et à gauche une chaise pour appuyer ses pieds et faciliter l'écartement des cuisses. J'ai encore simplifié ce procédé en m'asseyant simplement devant la patiente et en faisant reposer ses pieds sur mes genoux. Si l'examen a lieu sur une chaise longue basse, je prends un siège très bas. Enfin, si je n'ai à ma disposition qu'un lit placé à contre-jour, je fixe à une bougie une cuiller en argent. J'obtiens ainsi rapidement un appareil d'éclairage très suffisant pour projeter une bonne lumière dans le spéculum. Il y a là une quantité de petits détails qui peuvent paraître futiles aux yeux d'un vieux praticien, mais qui peuvent intéresser nos jeunes confrères qui recherchent la simplicité, la rapidité et l'économie.

Je dirai encore quelques mots des positions qu'il convient de donner à la femme pour l'examen au spéculum. Ces positions sont au nombre de quatre.

Position française.

C'est la plus simple et la plus employée, du moins en Europe, et c'est celle pour laquelle sont construits nos fauteuils spéciaux.

Dans cette position, la patiente est placée dans le décubitus dorsal, le siège relevé, les jambes écartées et fléchies; la paroi abdominale est détendue par la flexion modérée du tronc, qui rapproche les insertions thoraciques des insertions pelviennes des muscles abdominaux. Cette paroi devient alors très souple, surtout dans sa partie inférieure et pendant l'expiration.

La position française mérite, en somme, la préférence dont elle est l'objet par sa simplicité et surtout lorsqu'il s'agit d'un examen ordinaire; elle peut être supportée longtemps par la femme sans fatigue; elle rend très accessible les ouvertures de la région périnéale, permet le toucher et la palpation bi-manuelle, et facilite l'introduction de toutes les variétés de spéculums ou d'écarteurs. Elle convient également à la plupart des opérations gynécologiques pratiquées par les voies naturelles.

Position de la taille.

Cette position a été surtout bien décrite par Simon, qui l'avait proposée pour l'opération de la fistule vésico-vaginale. C'est celle qui est employée pour pratiquer la taille chez l'homme.

Pour l'obtenir, on modifie la position française en fléchissant davantage les jambes sur les cuisses et les cuisses sur le bassin; le buste est alors placé horizontalement et le siège est relevé. L'angle que forme la direction de la colonne vertébrale avec celle du sacrum devient plus aigu, la pression intra-abdominale et la tension des parois se trouvent ainsi réduites à un minimum.

Cette position favorise l'accès des organes profonds et rend plus facile le palper bi-abdominal et l'exploration du rectum; mais elle est fatigante pour les malades et ne peut être obtenue qu'avec l'aide d'un assistant. En somme, *c'est plutôt une position opératoire*. Elle convient dans les cas où il faut abaisser l'utérus, pratiquer l'hystérectomie vaginale, la périnéorrhaphie et la colpopérinéorrhaphie, etc.

Lorsqu'on doit anesthésier la malade, cette position sera facilement maintenue, sans l'assistance des aides, par l'emploi de l'entrave, qui maintient l'écartement des cuisses et la flexion du bassin sur la colonne vertébrale.

Position génu-pectorale.

Cette position, avec laquelle la gynécologie doit se familiariser, consiste à placer la malade à genoux sur un plan horizontal suffisamment élevé pour assurer la commodité de l'examen ou de l'opération. Les lits n'offrent pas, en général, un plan assez résistant pour cette position, et il faut choisir une table qu'on arrive rapidement à capitonner en y plaçant quelques couvertures.

La malade est donc placée à genoux, puis on lui fait fléchir le buste sur le bassin jusqu'à ce qu'une des joues rencontre le plan horizontal de la table et s'appuie sur elle.

Pendant ce mouvement, les cuisses doivent conserver leur position première, c'est-à-dire rester perpendiculaires au plan horizontal de la table.

Cette position ne peut pas être conservée longtemps par la patiente et il faut aux malades une certaine habitude pour arriver à bien la prendre. J'insiste cependant, dans certains cas, pour l'obtenir, et voici pour quelles raisons :

Dans la position génu-pectorale, les viscères pelviens gravitent du bassin vers l'épigastre, au lieu de graviter de l'épigastre au bassin. Tout le contenu de la cavité abdominale se tasse vers le diaphragme ; le plancher supérieur trouve assez d'espace libre pour se séparer du plancher pelvien inférieur. En somme, toutes les parties molles gravitent, autant que le leur permettent leurs attaches, vers la région qui est devenue la plus déclive par le fait de la position, c'est-à-dire vers l'ombilic et l'épigastre.

Mais c'est lorsqu'on introduit un instrument qui permet la pénétration de l'air dans le vagin que les avantages de la position génu-pectorale deviennent évidents. Il suffit d'introduire une valve de Sims ou simplement un écarteur pressant la commissure postérieure de la vulve contre le coccyx pour que le vagin se distende à la manière d'une vessie insufflée ; le corps de l'utérus retombe contre la vessie, et le col ainsi que toute la cavité vaginale deviennent accessibles à la vue.

J'estime que cette position permet non seulement un meilleur examen, mais encore qu'elle facilite considérablement le cathétérisme utérin, en faisant disparaître momentanément les flexions. Quand la malade est bien placée et qu'elle respire largement en suivant un rythme régulier, les constatations deviennent beaucoup plus faciles ; des tumeurs qui semblaient contiguës à l'utérus s'en éloignent ; d'autres, accolées à la paroi postérieure du bassin, se rapprochent de la paroi abdominale antérieure.

En percutant et en palpant la région épigastrique, on peut parfois, grâce à la position génu-pectorale, constater la présence de liquides libres qui avaient échappé aux examens pratiqués dans le décubitus dorsal ou latéral.

Enfin, cette position facilite certaines opérations, notamment la dilatation de l'utérus par la méthode de Vulliet, l'introduction des sondes, etc. Elle avait été préconisée par Bozeman pour la fistule vésico-vaginale, mais je la considère comme étant peu compatible avec l'anesthésie.

Position latérale ou américaine.

C'est l'emploi de la position génu-pectorale qui a conduit Sims à la découverte de son spéculum et de ses méthodes d'exploration et de traitement.

C'est parce que ce chirurgien avait trouvé cette position fatigante pour les malades qu'il a imaginé la position latérale, qui n'en est, en somme, qu'une modification et avec laquelle on peut obtenir les mêmes résultats.

Je décrirai minutieusement cette position en parlant du spéculum de Sims, dont elle est pour ainsi dire inséparable.

En résumé, le gynécologue éclectique doit être familier avec ces diverses positions, qui toutes ont leur importance dans la pratique.

La *position française* est la plus simple, la mieux acceptée par les malades (du moins en Europe) et celle qui se prête au plus grand nombre d'explorations et de manœuvres; telles sont:

Le toucher;

La palpation bi-manuelle;

L'application des spéculums cylindriques et multivalves;

Le cathétérisme utérin;

Le cathétérisme vésical;

Les pansements vaginaux et utérins;

Certaines petites opérations : dilatation, curetage, etc.

La *position de la taille* convient surtout pour la pratique de certaines opérations, dont voici les plus importantes :

La périnéorrhaphie;

La colpo-périnéorrhaphie;

La colporrhaphie postérieure pour le traitement de la rectocèle;

Certaines fistules vaginales;

L'hystérectomie vaginale, etc., etc.

Enfin, la *position genu-pectorale* et la *position latérale de Sims* conviennent à la fois pour les explorations et les opérations :

Elles permettent plus facilement l'introduction de l'hystéromètre;

Elles facilitent la dilatation utérine par les diverses méthodes;

Elles permettent un examen plus complet *de visu* du col et des paroi vaginales;

Elles sont plus convenables pour pratiquer la colporrhaphie antérieure, pour la guérison du cystocèle, pour la fistule vésico-vaginale, etc.

Pratique des accouchements.

On sait que la position latérale est exclusivement adoptée par les accoucheurs anglais et américains.

Ayant exercé en Angleterre, j'ai pu, après quelques années de pratique, comprendre l'importance obstétricale de cette position, qui est la suivante :

Elle permet de mieux surveiller le périnée. Si la déchirure est inévitable, elle a lieu sous les yeux de l'accoucheur, qui est, dès lors, placé dans de meilleures conditions pour intervenir immédiatement. C'est à l'usage de la position latérale qu'il faut attribuer certains perfectionnements introduits par les Américains et les Anglais dans la pratique de l'obstétrique et de la gynécologie. Je préviens, du reste, le praticien français qui aura à donner ses soins à une femme de cette nationalité qu'il devra se résigner à adopter cette position. Je n'ai jamais rencontré d'Anglaises ou d'Américaines qui aient voulu se laisser accoucher autrement.

Je vais maintenant passer en revue les procédés d'exploration dans l'ordre successif dans lequel il convient d'y avoir recours. J'examinerai donc :

Le toucher debout;

La palpation et l'inspection de la paroi abdominale;

Le toucher dans la position dorsale et la palpation bi-manuelle;

L'examen de la vulve;

L'examen au spéculum;

Le cathétérisme avec ou sans spéculum.

TOUCHER DEBOUT

Je commence par le toucher debout, parce qu'il ne demande pas de grands préparatifs et qu'il est, en général, accepté sans répugnance par les malades. C'est une sorte d'entrée en matière qui permet de juger si le reste de l'examen aura lieu facilement. Je me suis rarement bien trouvé du conseil donné par quelques gynécologistes, notamment par Gallard, et qui consiste à procéder au toucher vaginal sans avis préalable, à forcer militairement la citadelle. Il est évident que le médecin ne doit pas demander la permission de procéder à l'exploration des organes génitaux ; la femme qui vient le consulter sur une affection utérine doit s'attendre à cet examen ; mais il doit préparer ce qu'il faut pour cet examen comme quelqu'un qui y est habitué et y procéder comme une chose toute naturelle, en commençant par le *toucher debout, sans découvrir la femme*. S'il rencontre de la résistance, il doit présenter quelques observations sur l'utilité de l'examen ; mais il ne doit pas insister outre mesure s'il trouve une résistance sérieuse. Il peut se faire que la femme ne s'attende pas à cette exploration *sub robæ* et qu'elle ait, pour s'y opposer, des raisons de pudeur ou de coquetterie. Toutes deux sont fort respectables, surtout la seconde. La femme qui a le moindre souci de sa pudeur sexuelle n'aime pas à subir un examen sans s'y être préparée; si elle appartient au monde *select*, elle n'aime pas que quiconque approche cette partie de sa personne, surtout si la toilette préalable n'a pas été faite et si *les dessous* ne sont pas d'une propreté irréprochable. Il est donc bon, lorsqu'on suspecte le motif du refus, de proposer de remettre l'examen à un autre jour.

Du reste, en procédant graduellement et dans l'ordre que j'indique : toucher vaginal debout, toucher vaginal dans la position dorsale, examen de la paroi abdominale, on arrive généralement à terminer sans autres difficultés l'exploration par le spéculum.

Cependant, si la femme oppose un refus formel à toute exploration, même vaginale, il faut lui faire comprendre l'impossibilité dans laquelle on se trouve de lui donner un conseil utile, ne pas prescrire aucun traitement spécial et *surtout ne pas se montrer offensé de ce refus*. C'est dans ces cas surtout que le médecin doit redoubler de tact et de bienveillance afin de ne pas s'aliéner une malade et permettre à celle-ci de revenir sur sa détermination.

Certaines femmes ne veulent pas être examinées par des hommes.

Il n'est pas rare de rencontrer des femmes qui viennent nous demander un traitement et se refusent à l'examen *d'un homme;* comme elles n'ont pas la même répugnance pour leur sexe, elles nous apportent la relation écrite faite par une sage-femme. C'est dans ces cas surtout que je conseille l'abstention au médecin soucieux de son prestige et de sa dignité.

Le médecin n'est autorisé à donner un avis, sans avoir procédé à l'examen, que dans les cas où l'éloignement ne permet pas la consultation orale et lorsque le médecin traitant envoie lui-même une relation écrite des lésions. Encore doit-il, dans ces cas, faire les plus expresses réserves pour l'application du traitement.

Avantages techniques que présente le toucher debout.

Je ne décris pas ici la technique du toucher debout. Je rappellerai seulement que le chirurgien doit faire écarter les cuisses de la malade en lui donnant un point d'appui sur une table ou sur une cheminée. Il doit placer lui-même un genou à terre et faire reposer le coude de la main exploratrice sur l'autre genou resté libre; de cette façon, il peut refouler le périnée par un mouvement d'extension du pied qui projette en haut le genou et le bras qui s'appuie dessus.

Il importe, à un certain moment de l'examen, de recommander à la malade de *pousser en bas;* on juge ainsi de la bonne suspension de l'utérus et de la tendance au prolapsus.

Il est bon de rappeler que la position *debout* accentue la rétroversion et le prolapsus utérin. Elle convient particulièrement dans la recherche des déplacements et permet facilement l'introduction et le retrait des pessaires.

Lorsqu'on a placé un de ces instruments, il est indispensable d'examiner la femme dans cette posture après l'avoir fait marcher, pour s'assurer qu'il soutient bien l'organe et a bien conservé la position nécessaire à une bonne action contentive et orthopédique.

Palpation et inspection de la paroi abdominale.

Je n'ai pas besoin d'insister sur l'importance de la palpation de la paroi abdominale. Cette exploration devra s'étendre également aux organes voisins, et notamment à l'intestin, à la vessie, à l'estomac et au foie, qui sont souvent le siège de complications plus ou moins graves.

Il m'est arrivé maintes fois d'examiner des femmes se croyant atteintes d'affections utérines et qui souffraient de l'estomac et de l'intestin. J'appelle, notamment, l'attention des praticiens sur l'entérite mucomembraneuse, qui est extrêmement fréquente chez la femme et qui donne lieu à des symptômes de pentonisme. J'ai donné le traitement de cette complication.

L'examen *par la vue* et par le toucher de la paroi abdominale a donc une grande importance en gynécologie. L'aspect des vergetures indique les grossesses antérieures; la flaccidité de la paroi a son importance au point de vue des opérations à pratiquer (hystérorrhaphies, etc.). On sait, par exemple, qu'un kyste ovarien est protubérant et a une forme le plus souvent globulaire, tandis que l'ascite, qui reconnaît d'autres causes, donne à l'abdomen un aspect égal et arrondi. Le monokyste est globulaire, tandis que le polykyste est le plus souvent irrégulier; le développement d'un utérus gravide est régulier et symétrique, tandis que les tumeurs morbides de l'utérus (fibromes, etc.) donnent à l'abdomen un aspect bosselé et irrégulier.

Je ne fais que citer ces exemples pour montrer que l'examen *de visu* de la paroi abdominale est utile dans une exploration complète.

Il importe toujours de ménager la pudeur de la femme soumise à cet examen. J'ai toujours soin, lorsque je découvre la totalité de la paroi abdominale, de recouvrir le mont de Vénus avec une serviette. Les malades sont toujours reconnaissantes de ces petites attentions, qui, quoique insignifiantes, ont une réelle importance dans le succès personnel d'un praticien.

La malade devra être déshabillée. Encore une petite recommandation à ce sujet : chaque fois qu'il est nécessaire de faire déshabiller complètement une malade, je lui propose de passer dans une pièce voisine ou je lui abandonne mon cabinet pendant quelques instants. J'ai remarqué que beaucoup de dames n'aiment pas se dépouiller de leurs vêtements devant un homme, fût-il médecin.

Toucher vaginal et palpation bi-manuelle.

Ce mode d'exploration est absolument nécessaire pour compléter la palpation abdominale.

La malade étant placée dans le décubitus dorsal et les cuisses fléchies sur l'abdomen, le médecin pratique le toucher vaginal avec un ou deux doigts de la main droite, pendant que la main gauche, placée sur l'abdomen, appuie sur l'utérus et le force à descendre, de manière à rendre toutes ses parties accessibles.

Le gynécologue un peu expérimenté arrive alors très facilement à saisir le globe utérin tout entier entre ses deux mains et peut alors constater le volume de l'organe et les excroissances morbides qui peuvent siéger sur son pourtour ou dans son voisinage.

Ce même mode d'exploration permet également, quoique avec plus de difficultés, de palper les ovaires, de constater la présence des adhérences, des tumeurs péri-utérines : phlegmons, hématocèles, etc. Je dois cependant prévenir mes jeunes confrères que cet examen ne donne pas toujours des résultats précis, surtout chez les femmes obèses, et que la contraction des muscles abdominaux et l'épaisseur des parois le rendent souvent très difficile. C'est pour ces différentes raisons que je conseille, dans les cas douteux, de pratiquer l'examen bi-manuel pendant l'anesthésie.

Importance de l'anesthésie pour l'exploration des organes abdominaux.

Depuis le perfectionnement des méthodes anesthésiques et l'introduction dans la thérapeutique du chloroforme très pur, je n'hésite pas à proposer la narcose chaque fois que l'exploration de la cavité abdominale par les procédés ordinaires laisse encore quelques doutes sur le diagnostic et sur le traitement.

Beaucoup de gynécologues américains pratiquent même l'anesthésie dans leur cabinet. Il est vrai de dire qu'ils sont toujours assistés d'une garde expérimentée. Néanmoins, je ne procède à une exploration de ce genre qu'au domicile de la malade et *avec l'assistance d'un confrère*. C'est là une règle qui ne comporte pas d'exception.

En général, les malades acceptent volontiers l'examen qu'on leur propose pendant l'anesthésie, soit qu'elles redoutent la douleur, soit qu'elles comprennent l'importance de cette exploration.

Il n'est pas nécessaire d'insister sur les facilités que donne l'anesthésie pour la palpation bi-manuelle, qui peut alors être complétée par un examen rectal et vésical, par l'hystérométrie combinée avec la palpation, etc.

Dans certains cas, l'anesthésie pratiquée dans un but simplement diagnostic permet d'effectuer en même temps un traitement efficace. Tels sont certains cas d'adhérences ou de déplacements utérins. Le chirurgien peut, dans la même séance, redresser l'organe, rompre les adhérences et appliquer une thérapeutique utile.

Examen de la vulve.

La palpation de l'abdomen terminée, la femme est

placée dans la position qui convient pour l'*examen de la vulve* et l'introduction du spéculum.

L'examen *de visu* est encore plus utile pour la région vulvaire que pour la région abdominale. Comme le visage, la vulve a sa physionomie morbide, et le praticien exercé peut déjà, par un coup d'œil d'ensemble, présager la nature des lésions. C'est ainsi que la coloration rouge foncé de la région indique une vulvite, que l'aspect décoloré, la teinte feuille morte, la disparition des poils, font penser à une affection organique grave.

Ce n'est que par un examen attentif et détaillé de la vulve que le praticien arrive à déceler les nombreuses affections cutanées qui affectent cette région et surtout les manifestations syphilitiques si multiples qui se logent dans les replis des lèvres et peuvent même être dangereuses pour l'examinateur. On sait, en effet, que la syphilis a été souvent contractée par des médecins pendant l'exercice de leur profession.

EXAMEN AU SPÉCULUM

Je ne décrirai pas ici la technique de l'examen, pas plus que les variétés, trop nombreuses, à mon avis, de spéculums qui ont été proposées. Depuis Récamier, chaque gynécologue a voulu donner son nom à un instrument, qui n'est le plus souvent qu'une modification très rarement avantageuse des types primitifs.

Pour l'examen courant, j'estime que trois variétés seulement doivent figurer dans la trousse du praticien : le bivalve de Cuzco, le cylindrique de Ferguson et l'univalve de Sims. J'ai complètement renoncé à l'emploi des spéculums bivalves à embout.

Pour la pratique journalière, je conseille le bivalve de Cuzco, qui tient facilement dans la poche ou dans la trousse.

Je recommande, lorsqu'on fait un pansement ou qu'on examine une femme pour la première fois, d'employer toujours un très petit modèle. Beaucoup de femmes atteintes de vaginite ou d'hypéresthésie vulvaire redoutent l'emploi du spéculum ; elles pardonnent rarement la douleur qu'on leur fait inutilement subir et n'hésitent pas à qualifier de maladroit le praticien qui blesse leur muqueuse vaginale. Leur appréciation est souvent injuste ; mais les malades ont parfois un élément de comparaison, lorsqu'elles ont été traitées antérieurement, et ne manquent pas de crier sur les toits que le Dr X... est très doux et très adroit, tandis que le Dr Z... n'est qu'un brutal ! Tout cela pour une muqueuse vaginale heurtée par un instrument trop volumineux.

J'ai donc pour principe d'employer un très petit calibre au début, quitte à en employer un plus gros lorsque je connais l'accoutumance du vagin et la position du col. Pour cela, le bivalve de Cuzco, dont les valves s'introduisent repliées, est un excellent instrument.

Une fois l'instrument introduit, il faut aller très doucement avant d'écarter les valves, afin de ne pas heurter ou faire saigner le col, qui est souvent fongueux.

La vieille recommandation des auteurs, qui consiste à recommander de s'assurer de la position du col avant d'introduire l'instrument, est de mise pour tous les spéculums.

Le *spéculum de Ferguson*, qui se compose d'un tube de verre étamé, taillé en flûte à son extrémité et recouvert d'une couche de gutta-percha, est, sans contredit, l'instrument le plus propre et le plus commode parmi les appareils cylindriques.

Ce spéculum peut remplacer tous les autres et il convient surtout au praticien de campagne qui ne peut avoir un grand assortiment, parce qu'il est toujours très propre et que son échancrure en bec de flûte embrasse nécessairement le col utérin lorsqu'on a soin, en l'introduisant, de presser avec le côté pointu sur la paroi postérieure du vagin.

Les seuls reproches à adresser à cet instrument sont les suivants :

Il se casse facilement ;

Son introduction est douloureuse pour les femmes dont le vagin est étroit ou hypéresthésié.

Il faut un spéculum d'un gros volume pour embrasser certains cols de multipares, qui sont le plus souvent hypertrophiés.

Spéculum de Sims.

Enfin, je dirai quelques mots du spéculum univalve de Sims, dont l'emploi, si général en Amérique, a beaucoup contribué aux progrès accomplis en gynécologie dans ce pays. Ce spéculum n'est, en somme, qu'un simple écarteur ou dépresseur de la paroi vaginale, dont la surface interne brillante réfléchit bien la lumière. Appliqué dans la position génu-pectorale ou dans la position semi-latérale, dite de Sims, il découvre bien le col.

Les avantages présentés par cet instrument pour l'exploration et le traitement sont considérables, mais il présente malheureusement des inconvénients qui en rendent la généralisation très difficile. Entre les mains du praticien qui traite un grand nombre d'affections utérines et qui a l'occasion de se familiariser avec son emploi, le spéculum de Sims est d'une immense utilité ; mais il n'en est pas de même pour le praticien qui ne s'occupe qu'accidentellement de gynécologie. Il ne peut en effet, être employé qu'avec l'aide d'un assistant, et encore faut-il que cet aide soit très adroit pour être réellement utile.

J'ajouterai que, pour les femmes françaises, la position génu-pectorale ou la position semi-latérale est très difficile à obtenir et leur paraît très étrange, surtout si elles ont déjà subi un traitement par les méthodes ordinaires. Je dois donc dire que je n'applique ce mode d'exploration que sur les malades étrangères, pour lesquelles il paraît tout naturel et qui se trouveraient du reste surprises et même offensées si on les plaçait dans la position dorsale, avec les cuisses écartées, généralement employée en France.

Position semi-latérale de Sims.

Néanmoins, comme le spéculum de Sims présente d'indispensables applications, notamment pour l'examen des parois vaginales et la recherche des fistules, je dirai quelques mots sur sa technique, qui est généralement peu connue dans notre pays.

L'élément de succès dans l'application de ce spéculum consiste plutôt dans la position à donner à la femme que dans le mode d'emploi de l'instrument. Si la position recommandée par Sims est adoptée, le col sera facilement atteint ; si on lui substitue une position analogue et non identique, l'examen ne donnera pas de résultats satisfaisants.

Le but de cette position est de permettre la gravitation des viscères abdominaux et d'imprimer à la paroi antérieure du vagin une direction *en avant*, opposée à celle qui est imprimée par les spéculums ordinaires à la paroi inférieure.

Afin d'arriver à ce résultat, la malade doit être placée sur une table ordinaire, non pas sur le dos ni sur le côté, mais dans une position intermédiaire, dite *semi-latérale*. Voici comment Sims lui-même décrit la position :

« La patiente est couchée sur le côté gauche, les cuisses fléchies à peu près à angle droit sur le bassin, la droite un peu plus remontée que la gauche; le bras gauche est rejeté en arrière du dos, la poitrine inclinée en avant et le sternum mis presque en contact avec la table ; l'épine dorsale est ainsi complètement étendue et la tête repose sur l'os pariétal gauche. Il ne faut pas que la tête soit fléchie du côté du sternum, ni que l'épaule droite soit élevée...

« L'aide qui se trouve derrière la malade relève le côté droit des fesses avec la main gauche, puis le chirurgien introduit le spéculum.

« L'introduction est chose importante; elle est faite à couvert, la valve étant guidée par l'index de la main droite, dans le but d'empêcher l'extrémité de heurter le col. On ne retire le doigt que lorsqu'on est sûr que le bout du spéculum a passé au delà du col et qu'il est bien tourné en arrière vers le rectum. Si la patiente respire librement, le vagin se distendra immédiatement sous l'influence de la pression atmosphérique et placera sous les yeux de l'opérateur le col, le cul-de-sac antérieur et la totalité de la paroi antérieure du vagin. »

On voit donc que le spéculum de Sims repose sur l'entrée de l'air dans le vagin et sur l'action de la pression atmosphérique. C'est là le principe de la découverte de Sims.

Néanmoins, l'emploi de cet instrument n'est pas pratique pour le médecin qui ne fait pas de la gynécologie une spécialité. Pour ceux qui n'y sont pas initiés, je conseillerai simplement de l'employer dans la position génu-pectorale, dont j'ai suffisamment fait ressortir les avantages dans l'article consacré aux positions (Voyez page 186).

Prétendus dangers de l'hystéromètre.

Il n'y a guère qu'une vingtaine d'années que l'hystéromètre est entré dans la pratique gynécologique de chaque jour. Les maîtres de l'ancienne école, depuis Récamier jusqu'à Gallard, ne conseillaient la sonde utérine que dans les cas exceptionnels et considéraient sonemploi comme dangereux.

Becquerel s'exprime ainsi : « ... Mais l'emploi de la sonde utérine est entouré de difficultés si considérables qu'il nécessite toute l'habileté et l'expérience d'un praticien consommé, et nous craignons de la voir répandue parmi les jeunes médecins peu adroits et inexpérimentés. »

Nonat est encore plus affirmatif et dit : « *En raison des dangers* qu'il occasionne, il ne faut recourir au cathétérisme utérin qu'avec une grande réserve et dans les cas où l'utilité de son emploi est bien démontrée. »

Scanzoni était moins timoré et a dit simplement « que la sonde utérine est loin d'être aussi inoffensive qu'on le dit généralement », et il relate les dangers et les inconvénients qui résultent de son emploi.

Il est vrai qu'un maître de la même époque, Huguier, faisait un usage journalier de l'hystéromètre; mais il a laissé auprès de ses contemporains la réputation d'un gynécologue téméraire et audacieux.

Ce sont encore les Américains qui ont généralisé l'emploi de cet instrument. Marion Sims est surtout le rénovateur de l'hystéromètre, auquel il a fait subir un perfectionnement qui le rend vraiment inoffensif.

Ce perfectionnement consiste simplement dans l'emploi d'un hystéromètre en forme de stylet et construit en un métal malléable qui permet d'en modifier la courbure à volonté.

Avantages de l'hystéromètre.

Il suffit d'énumérer les notions que le chirurgien peut acquérir à l'aide de l'hystéromètre pour montrer l'importance de cet instrument, qui permet de :

Mesurer la capacité de l'utérus;

Constater l'existence de tumeurs morbides dans la cavité utérine;

Constater les déviations nombreuses auxquelles cet organe est sujet;

Constater l'existence des lésions de la muqueuse (endométrite, etc.).

L'hystéromètre est cependant loin d'être d'un usage général en France et bon nombre de praticiens partagent encore sur cet instrument les idées de Nonat et de Scanzoni.

A ceux-là, je puis affirmer que j'emploie couramment l'hystéromètre depuis plus de vingt ans, sans avoir jamais remarqué je ne dirai pas des accidents, mais même des inconvénients, et cela sans autre précaution que la simple propreté.

J'estime donc qu'on ne saurait jamais poser le diagnostic définitif sans avoir employé la sonde utérine, et que l'hystéromètre est le complément indispensable de tout examen gynécologique.

Choix de l'hystéromètre.

Quoique n'ayant pas l'intention, dans ces quelques pages, de faire de la technique opératoire, je crois cependant utile de dire quelques mots des précautions nécessaires pour bien pratiquer l'hystérométrie.

J'examinerai d'abord le choix de l'instrument, puis le *modus faciendi.*

Le *choix de l'instrument* est capital. Les vieilles sondes utérines en métal rigide de Simpson et de Valleix doivent disparaître de la trousse du gynécologue, pour faire place au cathéter en métal malléable, dont on peut modifier la courbure à volonté. M. Mathieu a bien voulu construire, sur mes indications, une sonde souple, qui peut être employée sans inconvénients, même par les plus inexpérimentés.

Le *modus faciendi* est également très important.

Les gynécologues allemands conseillent de pratiquer le cathétérisme sans introduire le spéculum.

Je trouve à cette méthode moins d'avantages que d'inconvénients, surtout lorsqu'il s'agit d'un premier examen. Le seul avantage consiste à ne pas découvrir la malade et les inconvénients sont nombreux.

D'abord, le praticien qui ne s'adonne pas exclusivement à la gynécologie éprouvera toujours des difficultés à introduire la sonde sans l'aide du spéculum; le gynécologue expérimenté lui-même s'expose à blesser la muqueuse utérine lorsqu'il introduit l'instrument à l'aveuglette. J'ai présent à l'esprit un exemple tout récent où une femme, atteinte d'un carcinome du col, a été prise d'une métrorrhagie très grave immédiatement après avoir été sondée par un gynécologue allemand, cependant très éminent. Cet accident n'aurait pas eu lieu si l'examen préalable du col avait été fait avec le spéculum.

Voici comment je procède :

Après avoir placé la malade dans le décubitus dorsal, je me rends d'abord compte, par le toucher, de la position de l'utérus, afin d'avoir une première idée de la direction du canal intra-utérin.

J'introduis ensuite un spéculum bivalve pour bien découvrir le col, puis je donne à l'hystéromètre la courbure que je suppose devoir correspondre avec le canal et je fais de légers efforts pour l'introduire. Si l'instrument ne pénètre pas, je le retire et j'en modifie la courbure terminale jusqu'à ce que j'aie réussi. *Je n'emploie jamais la force.* Le succès dépend donc de la courbure donnée à l'instrument; celle-ci est très variable : tantôt elle décrit un quart de cercle à petit rayon, tantôt elle forme un angle; dans certains cas (tumeurs, déplacements, etc.), il faut la tordre en spirale.

Je conseille, du reste, aux débutants de s'assurer d'abord de la perméabilité du canal avec la sonde flexible élastique; avec le petit instrument, on pénètre toujours facilement, mais on n'obtient que la *profondeur* du canal; il faut absolument employer la sonde ordinaire pour en connaître la direction.

A part quelques utérus absolument déformés par des fibromes volumineux, j'ai toujours réussi dans le cathétérisme.

Dans certains cas, cependant, il m'a paru nécessaire d'avoir recours à une petite manœuvre qui est nécessaire pour introduire les éponges et tiges de laminaire.

Cette manœuvre consiste à saisir la lèvre inférieure du col à l'aide d'une petite pince à griffes pour exercer une traction sur la totalité de l'organe. Cette petite opération facilite singulièrement l'introduction du cathéter; elle n'est nullement douloureuse et les malades ne s'en aperçoivent même pas, à la condition toutefois de ne saisir que le tissu utérin et de ne pas pincer la paroi vaginale, qui est extrêmement sensible.

Dans certains cas, où l'hystérométrie n'était pas possible dans la position dorsale, j'ai pu la pratiquer avec succès en plaçant les malades dans la position genu-pectorale. Je recommande beaucoup cette pratique, que j'ai décrite, du reste, avec soin un peu plus haut. Dans la position genu-pectorale, les flexions de l'utérus disparaissent ou s'atténuent, ce qui explique la plus grande difficulté avec laquelle pénètre la sonde.

Le cathétérisme utérin combiné avec la palpation abdominale.

La sonde introduite dans l'utérus peut imprimer à l'organe des mouvements de rotation qui permettent à la main, appliquée sur l'abdomen, de le distinguer parfaitement des autres organes contenus dans la cavité abdominale. Il y a là une manœuvre qui, appliquée sur un utérus qui n'est pas atteint de phlegmasie, peut aider considérablement au diagnostic.

Ce mode d'exploration peut surtout être utile dans les cas où la palpation bi-manuelle donne des résultats incertains, et plus particulièrement chez les femmes obèses, atteintes de tumeurs péri-utérines. Il permet surtout d'établir le diagnostic différentiel et de déterminer les rapports qui existent entre l'utérus et les tumeurs voisines.

En introduisant l'hystéromètre chez une femme atteinte de tumeurs péri-utérines et en imprimant à l'utérus de légers mouvements de rotation et de latéralité, la main droite, placée sur l'abdomen, sent distinctement la sonde. Si les mouvements transmis sont les mêmes pour l'utérus et la tumeur, c'est que celle-ci adhère intimement à la matrice; si, au contraire, l'utérus est mobile et que la tumeur ne l'est pas, c'est que celle-ci est indépendante.

Ce court exposé suffit pour démontrer tous les avantages que présente l'hystérométrie, et j'insiste sur ce point que, pratiquée avec quelques précautions et surtout avec des instruments scrupuleusement propres, elle n'est jamais dangereuse.

Elle ne présente qu'une seule contre-indication : c'est la grossesse

A ce sujet encore, je dois dire quelques mots qui sont tout à fait d'actualité.

Le cathétérisme utérin et la grossesse. Les avortements.

Le médecin doit s'assurer par tous les moyens en son pouvoir si la femme qu'il examine est enceinte, avant de pratiquer l'hystérométrie. Lorsque le volume de l'utérus est normal, il doit nécessairement s'en rapporter aux déclarations de la malade sur ce point; mais ces déclarations peuvent être mensongères et je dois prévenir mes jeunes confrères qu'il existe de par le monde un grand nombre de belles dames qui redoutent la maternité et croient qu'un cathétérisme, pratiqué lorsque la menstruation est en retard, peut les débarrasser d'un produit gênant. Je fais cette remarque pour *les jeunes*, car les vieux praticiens le savent mieux que moi.

Le gynécologue très exercé a généralement assez de flair pour dépister les embûches de ce genre. Pour lui, une femme jeune qui vient seule, sans être envoyée par un médecin, se faire examiner est déjà suspecte. L'hystéromètre ne vient, dans l'ordre des moyens d'exploration et de diagnostic, qu'en dernier lieu, alors qu'on aura déjà pratiqué le toucher, la palpation bimanuelle, etc. Si l'utérus est sensiblement augmenté de volume, la grossesse est suspectée ; si, au contraire, le toucher et l'exploration abdominale ne révèlent aucun signe morbide, le cathétérisme n'est pas nécessaire et peut être remis à un examen ultérieur. Il y a, en outre, un signe très précieux qui se manifeste au début de la grossesse : c'est le ramollissement du col.

Du reste, la femme qu'on ne connaît pas doit être questionnée sur la date exacte de ses dernières règles ; on est même autorisé à lui poser une question plus délicate : y a-t-il eu des rapports sexuels entre la dernière menstruation et le moment de l'examen ? Il est rare qu'un questionnaire habilement présenté ne fasse naître le soupçon chez le gynécologue expérimenté qui sait aussi bien sonder la conscience de la patiente que son canal utérin.

J'insiste sur tous ces points parce que la malveillance s'exercerait vite autour du praticien qui ne prendait pas les précautions nécessaires en pareil cas. Bien plus, un récent exemple survenu devant la cour d'assises de Versailles montre que le médecin le plus honorable peut être l'objet de dénonciations calomniatrices et que ces dénonciations peuvent être accueillies par la justice, même lorsqu'elles émanent d'une prostituée ou d'une fille sans moralité.

Tous les médecins, et plus particulièrement les gynécologues, savent qu'il se commet un grand nombre d'avortements criminels, dans les villes comme dans les campagnes. Quel est donc celui qui n'a pas été sollicité par une femme à « *lui faire couler son enfant* » ; il refuse, mais l'intéressée ne se donne pas pour battue et arrive souvent par trouver une sage-femme qui fait l'opération nécessaire ? Qu'arrive-t-il alors bien souvent ? Des complications se produisent, le placenta reste dans l'utérus et on nous appelle auprès de la malade en détresse. Nous ne pouvons refuser notre concours. Le médecin se trouve donc appelé à soigner une fausse couche qui a été provoquée ; comment pourrait-il établir son innocence s'il était accusé d'avoir provoqué lui-même l'avortement ? Son cas serait terrible, puisqu'il y aurait, outre les déclarations accusatrices, des preuves à l'appui : fœtus, placenta, etc.

J'irai plus loin et je dirai : quel est donc le médecin gynécologue qui est *sûr* de n'avoir jamais produit *involontairement* une fausse couche ? J'ai dit que l'hystéromètre est couramment appliqué aujourd'hui comme moyen de diagnostic et de traitement ; aucune exploration gynécologique n'est complète sans le cathétérisme. On a beau prendre des précautions, interroger la femme, s'assurer soi-même si les règles existent, l'erreur est encore possible, non seulement parce que la femme a pu devenir enceinte à l'insu du médecin depuis son dernier examen, mais encore parce que certaines femmes sont réglées pendant les premiers mois de leur grossesse. La question est trop complexe pour être longuement discutée ici, mais elle montre jusqu'à l'évidence le péril qui menacerait le corps médical si les déclarations d'une fille et même d'une sage-femme étaient suffisantes pour établir une accusation d'avortement.

Un des grands arguments de l'accusation dans le cas qui a récemment amené un de nos confrères devant la cour d'assises de Versailles était le suivant : la fille coupable avait décrit avec assez de précision, paraît-il, l'éponge préparée et la sonde utérine.

Ce que j'ai vu et appris pendant vingt années de pratique m'a démontré que les femmes sont beaucoup plus versées qu'on ne croit sur les instruments gynécologiques et les manœuvres abortives, même celles de la campagne. Il a été démontré à la *Société de médecine légale* qu'une femme peut pratiquer l'*auto-avortement*, et je possède moi-même deux observations authentiques dans lesquelles l'*avortement criminel* a été pratiqué par des *femmes elles-mêmes* qui avaient parfaitement su se procurer un hystéromètre ou le remplacer par un instrument analogue. Il y a un nombre considérable d'individus *étrangers à la profession médicale* qui savent employer le spéculum et introduire une sonde utérine, et le nombre des avortements criminels ainsi pratiqués est, à mon avis, beaucoup plus considérable qu'on ne le croit.

FIN

TABLE DES MATIÈRES

D

E

F

H

L

M

N

O

P

S

U

V

CONSIDÉRATIONS PRATIQUES

SUR

L'EXAMEN GYNÉCOLOGIQUE

Corbeil. — Imprimerie Crété-de l'Arbre.

www.ingramcontent.com/pod-product-compliance
Ingram Content Group UK Ltd.
Pitfield, Milton Keynes, MK11 3LW, UK
UKHW020451200726
13857UKWH00002B/666

9 782012 881013